U0105250

公文写作

大手笔

从小笔头到笔杆子

陶然学姐 著

北京大学出版社
PEKING UNIVERSITY PRESS

内 容 提 要

笔者依托近十年的公文写作及审核经验，选取公文写作中常见的80个重点、难点问题，逐步拆解写作过程，分析办文逻辑，提示重点事项，整理成公文写作学习者和执笔人遇到问题时可以随时检索、查阅的"掌中宝"。

本书由80个问题组成，采用提问与解析的形式，条理清晰地为体制内文字工作者答疑解惑。全书共分为12章，内容包括"深度检索，素材检索与整理的升级运用""选词用句，好词、金句如何为我所用""选对了词，为什么也写不出好句子""谋篇布局，宏观结构如何影响公文全局""细节为王，微观结构如何影响公文质量""案例分析，如何破解找框架难题""语言平实，事务性文种的写作痛点""浓墨重彩，演讲、宣讲和征文比赛的获奖思路""一鱼多吃，不同公文的改写转化""反复调整，改公文的沟通困境""忙而不乱，办文不容忽视的细节""放平心态，自我修行是一生的功课"，全面覆盖日常工作重点、难点。

本书适合职场人士，特别是体制内有公文写作需求的执笔人阅读参考。

图书在版编目(CIP)数据

公文写作大手笔：从小笔头到笔杆子 / 陶然学姐著. – 北京：北京大学出版社，2024.5
ISBN 978–7–301–34983–0

Ⅰ. ①公… Ⅱ. ①陶… Ⅲ. ①公文 – 写作 Ⅳ. ①H152.3

中国国家版本馆CIP数据核字(2024)第071993号

书　　　名	公文写作大手笔：从小笔头到笔杆子
	GONGWEN XIEZUO DASHOUBI：CONG XIAOBITOU DAO BIGANZI
著作责任者	陶然学姐　著
责 任 编 辑	滕柏文
标 准 书 号	ISBN 978–7–301–34983–0
出 版 发 行	北京大学出版社
地　　　址	北京市海淀区成府路205 号　100871
网　　　址	http://www.pup.cn　　　新浪微博：@北京大学出版社
电 子 邮 箱	编辑部 pup7@pup.cn　总编室 zpup@pup.cn
电　　　话	邮购部 010–62752015　发行部 010–62750672　编辑部 010–62570390
印 刷 者	三河市北燕印装有限公司
经 销 者	新华书店
	880毫米×1230毫米　32开本　12.75印张　318千字
	2024年5月第1版　2024年5月第3次印刷
印　　　数	11701–20000册
定　　　价	79.00元

● 脚踏实地，仰望星空

第一本书《从零开始学公文写作》写完后，我一度不敢打开读。作为一名素人作者，写作时，我并不知道自己写的内容是否有用，是否好懂，是否真的对读者有帮助。当时，我曾对朋友说："怎么办？我感觉写得最好的是序言。"

第一次写序言时，我数度泪目。一行行字写出，伴随着一颗颗眼泪落下。写的过程中，我想到了太多人，回忆起了太多事。

从小镇到北京，一路磨砺、一路成长，有太多不易。《从零开始学公文写作》上市后，没想到读者也被深深打动，连序言部分都小心翼翼地用铅笔做了细致的笔记。

写一本书，没想到最快乐的事是写序言。

这本书同样如此，我不知道自己还有多少经验可以分享给书页对面的你，但我有如此多的话想说给你听。当你遇到困难的时候，我希望你能想起有这样一本书，在序言里写着这样一句话：脚踏实地，仰望星空。

披星戴月走过的路，终将繁花满地。

● 普通人能否通过写公文破局

几乎每一位在体制内工作的职场新人都听过这样一句话："如果你什么都没有，写公文是进步最快的路径。"提笔能写、开口能讲、问策能对、遇事能办，是大多数领导对年轻人的工作要求。但现实是什么？是提笔词穷、开口语塞、问策摇头、遇事心慌。

"办文办会能力，统筹协调能力，参谋助手能力"，通读这18个字，"办文"可能是相对来说最"容易"，也是奋斗路上最不拥挤的选择。很多人对写作这件事怀有深深的恐惧，害怕一朝"笔杆子"，半生"公文人"；害怕有了第一次，就有无数次；害怕没有尽头的加班、熬夜、掉头发；害怕写出的公文被领导一遍遍修改，甚至推倒重来；害怕被领导批评，从此爬不起来，同时害怕被领导表扬，遴选调动时不放行……

写公文就是让人如此矛盾，它最简单，也最难；大家希望写好，又害怕写得太好；很多人靠写公文"被看见"，却抱怨它让自己失去了属于自己的自由和时间。

当我们纠结这个问题的时候，不妨换个角度思考一下。在功利意义上，写公文这件事对有的人而言是锦上添花，对有的人而言则是雪中送炭。要知道，一支笔，可能会成为从异地到相聚的船，让两地分居十几年的家人从此团圆。在我的公众号"陶然学姐"中，有这样一段话，是一位工作多年的执笔人有感而发的留言，我始终记忆深刻。

站在山顶俯看来时的路，就像开了上帝视角，那些走过的沟沟坎坎、险滩激流，尽收眼底。当时我们是怎么只身涉险，又是如何平安着陆，豁然清晰。排除那些无心插柳的幸运、福至心灵的偶然之后，那些支撑着我们一次次爬坡过坎、绝处逢生的力量，逐步清晰地勾勒出一层层为人处世的底层逻辑。

● 十年写作经历对于我的意义

写了十年公文之后，我告诉自己这样一个结论：货币具备时间价值，而时间具备重量价值。这是我复盘十年写作经历后最大的感触。同为执笔人，我们有着太多相似的艰难、痛苦、迷茫、困惑、反复挣扎和自我怀疑。

当我坚持下来后，我感谢吃下了这份苦头的自己。我从来没想过，自己有一天能用书籍的形式记载这段经历。在中央电视台主办的主持人大赛中，一位优秀的选手说过这样一句话："生命见证过多少真实，付出过怎样的努力，就会有怎样的底气。"

平凡、普通却怀抱远大理想的我们，通过一支笔，把工作成果呈现出来、把政策信息传递出去。那些公文，不仅是思考的产物，更是与外界沟通的桥梁、服务社会的载体。

在《从零开始学公文写作（精装版）》的后记中，我特意提到了一位领导，因为他教会了我"文出我手不出错，事交我办您放心"，他鼓励我坚持写下去。我想，可能这位领导没有想过，有一天，他的下属会用这样的方式来感谢他，把他说过的话写进书里，影响更多和我当年一样，来自小镇、懵懂稚嫩、渴望成长的年轻人。

● 我是从什么时候开始主动写作的

工作为我们提供了大量的练笔机会，但是年轻的时候，我们可能仅仅是出于责任感，去完成一项任务，而非"主动写作"。我是从什么时候开始尝试主动思考和写作的呢？

是在我真的脚踏实地，想努力开创事业的时候。

"开创"这个词，代表着不是在应付工作、不是在完成任务。在我认真思考"人这一辈子应该做些什么"的时候，写作让我看清了自己。

我希望自己在年老的时候，能够回忆起一些事情。我希望自己能够如数家珍地和自己的读者、粉丝、公文写作培训班的学生笑谈，当时有哪些有趣的事，他们有怎样的成长和变化。

我甚至会想，如果有一天我不在这个世界了，这些苦心分享的经验，是否依然能够对一代代职场新人有所启发，尤其是那些父母无法给予助力的年轻人，能否通过阅读我分享的经验，少走一些弯路。一想到这些，我就充满动力。我不是为了他人而写作，但最终真的能为他人提供一些帮助。

作为一名普通、平凡、从小镇走出的女孩子，我不敢奢望自己能实现如此大的愿景，但是，我一直在朝着它努力。

在人生的早期，学习是逆人性的，因为坐在书桌前学习，远没有吃喝玩乐的愉悦感强。但在人生的成熟期，大家会发现，学习是一件无比快乐的事，写作是一件无比放松、治愈的事，自己想不清楚的问题，写一写，思路就通畅了，内心特别踏实。这种幸福感和吃一份炸鸡、喝一杯奶茶的幸福感的持久度和扎根深度是完全不同的。

直到这时候，我才发现，写作已经成为我与世界促膝长谈的一种方式。

● 如烟往事俱忘却，心底无私天地宽

在《从零开始学公文写作（精装版）》的后记中，有这样一句话："出现在别人的生命中，要像一份礼物。"有读者对此留言：这句话让我感触很深，但我很疑惑，我们该如何面对生活中的一些恶意、工作中的一些小人呢？我们心怀善意地面对他人，对方却不回以善意时，我们又该如何呢？

我想起了一位前辈说给我听的一段话，分享给此刻正在读书的你："人在不顺的时候，小人是不断的，这些小人都是镜子，让你看清自身的落魄和不足之处。想明白了这一点，格局、层次就上去了。人生几十载，一路走来，没有敌人，都是老师。"

很多执笔人在基层工作，非常辛苦，除了日常写作，还要处理大量需要协调、沟通的棘手问题。我请教过一位在乡镇工作的优秀选调生："当你决定修一条路时，遇到了困难和阻力，怎么办？"

他说，尽最大努力争取，毕竟心底无私天地宽。

《人类群星闪耀时》中说，一个人生命中最大的幸运，莫过于在他的人生中途，即在他年富力强的时候，发现了自己的使命。

我没有很多资源、能力，也没有太多学识、智慧，但是我愿意捧出自己真诚的心，在年轻人成长的路上，尽绵薄之力。

● 这本书与《从零开始学公文写作》有什么区别

我于 2023 年出版了一本名为《从零开始学公文写作》的公文写作指导书，为了便于表述，接下来我们称其为"上一本书"。

如果说上一本书是关于公文写作技巧的上篇，那么，这一本书就是进一步深化总结的下篇。在上一本书中，考虑到职场新人的定位，我把更多的笔墨放在了对入门级知识的讲解上。在这一本书中，针对公文写作培训实践中学生的反馈和执笔人日常面对的难点、痛点，我进行了更为细致、深入的讲解。为了便于读者翻阅，在本书的结构设计上，我特意做了如下安排。

1. 以"问题"的形式组织内容，哪里不会查哪里

全书针对字、词、句、段、篇，办文环节，写作心态等各个部分的难点、痛点问题，用提问的方式列举并回答，就像《十万个为什么》，读者可以"哪里不会查哪里"。

2. 深挖写作技巧，梳理办文办事的思维逻辑

上一本书侧重对基础技巧的介绍，这一本书则更加强调思维逻辑的重要性。比如，在上一本书中，详细介绍了充分占有资料的高效方法，在这一本书中，讲解了如何运用多种思维方式实现对资料的深度检索，进而驾驭较大难度文章的撰写。

在大量的案例分析、讲解中，上一本书侧重基础字词的夯实，这一本书则更强调对思路、站位和底层逻辑分析的合理把握。

3. 讲解重要但少有人讲的文种

执笔人参加工作后，最先参与撰写的往往是演讲稿、宣讲稿、征文和座谈发言稿。这些工作是非常容易"被看到"的工作，但是单位中很少有领导会为年轻人讲解应该怎样撰写走心、感人、娓娓道来、站位准确的演讲稿、宣讲稿。我有一些演讲特长，基于大量实战经验，会在本书中对这一部分进行详细讲解。

4. 解决写作基础薄弱的问题

很多职场新人工作 3~5 年后有参加遴选考试的计划，遴选笔试是对日常公文写作能力及公文知识综合运用能力的现实检验。备考过程中，很多考生的复习思路是尽快掌握如何从公文材料中找到答案，如何搭建框架、背诵模板及金句等，但实际情况是，金句用得生硬牵强、基础句式错误百出。遴选笔试的考题类型百变，发言稿、演讲稿的撰写都开始出现在题目中，在本书的案例讲解中，我分析了大量选词、用词、句式结构方面的常见问题，为准备遴选笔试的执笔人夯实字、词、句写作基础。

5. 增加办文、办事环节容易被忽视的细节

在上一本书中，我介绍了写作之前，以及写作之后的办文、办事注意事项，但是通过读者反馈，我发现，"知道要去做"仅仅是第一步，如何去做、如何说话，对执笔人来说是更难的点。为此，本书介绍了很多提高沟通技巧、优化写作心态等方面的知识，为读者补齐"硬件"，补强"软件"。

● **致谢**

在序言的最后，感谢所有曾给予我帮助的前辈、师长；感谢女儿小笑村的耐心陪伴，她也开始了自己的写作之路；感谢"陶然学姐"公众号所有粉丝多年来的关心、关注；感谢公文写作培训班、成长学院每一位学生的鼓励、肯定；感谢每一位读者的厚爱与包容。

目 录

Contents

第 3 章   选对了词，为什么也写不出好句子

第 4 章   谋篇布局，宏观结构如何影响公文全局

第 5 章　细节为王，微观结构如何影响公文质量

第 6 章　案例分析，如何破解找框架难题

第 7 章 语言平实，事务性文种的写作痛点

第1章

深度检索，素材检索与整理的升级运用

在《从零开始学公文写作》中，我详细介绍了职场新人建立素材"兵器库"的步骤和方法，比如使用 site 指令实现精准检索；使用微信检索功能检索政务号文章；联系纵向垂直关系的上级部门、沟通横向平行关系的兄弟单位、深挖本单位的宝藏资料等。综合使用以上方法，即使是刚刚参加工作的执笔人，通常也可以实现对基础资料的充分占有。

但是，在工作实践中，我发现很多执笔人在使用上述方法时存在很多误区，对检索思维的理解还处于入门阶段。

本章详细介绍检索方法的深度使用技巧。让我们化身执笔人，用"职场小白"的视角，在"大美"这个地区，跟着职场新人"小白"看职场、写公文。

问题 1

深度检索，让公文写作赢在起跑线

在公文写作培训中，第一节课，我一定会安排学生对检索方法进行系统学习，在本书的设计中也是如此。这是为什么呢？出于 3 个方面的考虑。

1 新人入职后的迫切需求

体制内新人报到通常是在下半年，再过四五个月就到了年末，这时候，各种工作总结、述职报告等公文纷至沓来。职场新人还在心理和环境的适应期，没有系统地学习过写公文的方法，就要处理大量文字工作。在人手有限、领导安排不开的时候，职场新人很容易陷入"赶鸭子上架"的困境。所以，很多职场新人有过类似的抱怨："领导让我写一个自查整改报告，但是我都没见过自查整改报告，怎么写呢？"

想在短时间内迅速了解一个公文种类、熟悉公文的语言风

格、学会公文的常用表述和框架结构，必须掌握系统的检索方法。作为一名文字工作者，我不是计算机专家，所掌握的检索方法都提炼自自己长期写公文的实战经验。随着网络的普及和科技的进步，可能会有更多、更好的检索工具出现，但是体制内工作有其特殊性，有时无法及时接入新的技术手段。因此，部分检索"土"办法是体制内职场新人所必须掌握的，熟练使用后，足以应对日常工作。

 2 快速弥补系统性思维的短板

在人手有限的情况下，有的职场新人会被安排撰写宏观感较强、问题反映全面、举措翔实新颖的公文，但是认知的提升、思维的完善和深度思考能力的培养不是一朝一夕就能完成的。也就是说，职场新人还没来得及在实践中提高自己的思考能力，就被要求去尽量全面地思考问题，怎么办呢？

通过检索，我们可以快速了解他人对同一问题的思考角度，比如他人都想到了哪些要点；有哪些工作是和本单位工作重合的，只是本单位缺少提炼；有哪些问题是自己从来没有想到过的；有哪些名词对自己来说是全新的……充分占有资料能帮助我们迅速发散思维，提高思考的周全度。

③ 解决"拿不准"的问题

在《从零开始学公文写作》的第 2 章中，我详细介绍了公文格式的设置要求和设置方法，但是在实践中，我们依然会遇到很多拿不准、查不到，或者没有标准和依据的特殊情况。

比如，研究"通知"这类公文，执笔人会发现，有的时候，"现通知如下"后面是句号，有的时候则是冒号。那么，什么时候用句号，什么时候用冒号呢？

又如，"某领导 zuo 重要讲话"中，是用"做"，还是用"作"呢？

再如，有的执笔人在行业自律协会工作，需要给各个协会成员发通知，开头的称谓拿捏不好，如果写"各位会员"，感觉有些随意，对象像自然人，场景像商场或超市，那么，应该怎么称呼对方呢？

……

我们对以上情况进行分类，一个是形式问题，即实际工作中有办文制度覆盖不到的细节；一个是内容问题，即不知道如何表述才是准确的、规范的。这时候，进行合理检索能快速解决这些问

题。检索时要注意，寻找对标案例的时候，要尽量向上检索，比如，省级以上部门的发文会更加严谨、规范。

【学姐唠叨】

经常有执笔人拿着某政务公众号推送的文章问我，这里写的明明是错的，但是文章能发出来，一定是经过了审核的，那么，要不要参考呢？我通常会说，你看看发文单位是哪里？不同层级、不同地域的单位，办文的标准和水平是不同的。所以，在选取对标案例的时候要格外用心。

破局提笔"等""靠""问"，下笔没话说

在工作中，我经常收到如下提问。

"领导让我写讲话稿，可是我没有写过讲话稿，怎么办？"

"调研提纲是什么？我都不知道是什么，怎么动笔写呢？"

"我刚从业务部门调过来，根本就不会写公文。"

"我是理科生，为什么把我安排在公文写作岗？"

"这类公文每个月都要写，无话可写怎么办？"

写一本书不容易，写真诚的话、写对读者有意义的内容一直是我努力的目标。所以，如果我们通过本书结缘，我特别想分享给书页对面的你一句话："永远不要提未经思考的问题。"

很多执笔人是从小镇出发，一路靠自己读书、学习、打拼、奋斗，在新的城市立足、努力站稳脚跟的。获得资源、机会可能需要漫长的时间，但是失去一次宝贵的机缘可能仅仅是因为问了一个不假思索、脱口而出的问题。我曾建议年轻人做一张"贵人语

迟"的手机壁纸并设置为手机屏保，时刻提醒自己说话一定要经过大脑思考。

面对新的事物，下意识的"抗拒思维"对个人成长有极大的反噬作用。"抗拒思维"主要表现为对困难有畏惧心理，本质是"等""靠""要"，反面是"主动思维"。

我有一个朋友，年纪很大了才转型做律师，我问他，刚入行时，如果遇到一些非常基础的问题，不好意思请教年轻人，该怎么办呢？朋友说，进入新的行业，没有人帮助你、你背后没有依靠的时候，高效检索能解决 99% 的问题。

比如，不会用律师事务所的智能打印机时，你能想到哪些解决问题的方法呢？

选择一，检索短视频平台上的产品测评。

选择二，检索图文形式的产品说明书。

选择三，联系任意一家销售该产品的电商的客服沟通请教。

以上 3 种方法，都比常规的"百度一下"更容易找到答案。能立刻想到这 3 种方法是非常不容易的，我们停下来复盘一下，哪种方法是你未曾想到的呢？想不到的方法，就在你的思维盲区中。

回头看执笔人写作过程中常见的问题，大致可以归纳为两类，如下所示。

第一类：我不会写，所以我不想写。

第二类：我会写，但是没有好的想法。

画一个思维流程图，如下所示。

工作来了 → 我不会写 → 陷入情绪

工作来了 → 我写不好 → 陷入情绪

想解决这些问题，必须刻意练习，让大脑养成"主动学习"的习惯，慢慢地拥有良性的"下意识"。

工作来了 → 我不会写 → 我学学 → 照葫芦画瓢，至少形式是对的

工作来了 → 我写不好 → 我查查 → 别人有哪些观点和创新，我能够借鉴/吸收什么

高中时，我们学习马克思主义哲学，一定听说过一个名词，叫作"主观能动性"。工作后，主观能动性体现为你有主动思考的意识和自主学习的能力。当你尝试去主动思考的时候，你甚至可能会发现，自己的人际关系都变好了。这是为什么呢？因为你肯动脑筋了，话从嘴里说出来之前，经过了大脑的加工。

【学姐唠叨】

　　"张嘴就问"，用更通俗的话说就是"说话、做事'不经过大脑'"。向下深挖一层，为什么很多执笔人不想动手检索，只想问呢？因为懒。毕竟检索太辛苦了，大脑总是逃避费神的工作。懒得思考，却喜欢请教他人"怎样才能提高站位呢？""怎样才能具备系统性思维呢？"等问题，是没有意义的，因为这两件事本身就是矛盾的，就像每天躺在床上思考我怎样才能拥有好身材一样。

检索高质量素材，首先寻找关键词

时常有执笔人问我："为什么我和同事用同样的电脑、同样的网络，甚至同样的方法，他总能很快检索出自己想要的素材，而我检索出的内容不是和主题不相关的文章，就是根本没法用的套路化模板呢？"工作中，对"笔杆子"来说，除了日常大型公文的写作，通常还有一项重要任务——帮助同事检索素材。用 10 分钟快速找到合适的参考资料，可以极大地提高整个部门的工作效率。

使用同样的工具，却有不同的检索结果，这里面的关键变量是什么呢？是"关键词"的选取。为什么"关键词"的选取会因人而异呢？因为人与人的词语储备量和深度思考能力存在差异，即人与人向内"抓取"和向外"发散"的能力不同。能力的培养需要时间，但是有一些方法可以帮助大家在短期内提高工作效率。我可以分享 3 个非常好用的方法，具体如下。

① 善用同义词替换

在寻找检索关键词的过程中，一定要改变"头痛医头、脚痛医脚"的习惯，即想搜什么，不要直接搜目标词，而要去找它的同义词。举个例子，写工作总结时，如果你搜"工作总结"，检索出的一定是套路化模板，可以把"工作总结"替换为"工作报告"进行检索，虽然这是两个不同的文种，但是主体内容具有相互参考和借鉴意义。

我再用表格方式举几个例子，见表 1.1。大家可以挡住表 1.1 的最右列，思考一下，试试看能想到几个用于替换直接关键词的同义词。

表 1.1　同义词替换

情境	直接关键词	同义词替换
想写"存在的问题"部分	问题	瓶颈、难题、痛点、难点、困境、形势、压力、挑战、障碍、隐患、疑难、不足、短板、漏洞、差距、症结
想写"存在的问题"对应的"对策"部分	对策	措施、举措、趋势、机遇、方法、战略、规划、思路、破题、破局、路径、策略、建议、反思、设想、前瞻、思考、方略、手段、良方、方案、构想
想写一篇工作思路	工作思路	工作要点、工作清单、要点速览、要点提示、任务清单、要点清单、工作安排、工作谋划、顶层设计

续表

情境	直接关键词	同义词替换
想写一篇欢迎新人加入的领导讲话稿	领导讲话	新员工入职、新人欢迎词、迎新大会上的讲话、新录用欢迎会、新录用座谈会、新录用见面会、入职欢迎仪式、迎新寄语

写出这些同义词后，检索时，可以在不同关键词之间增加"空格"，排列组合2~4个关键词进行交叉检索。

 2 以动宾短语中的动词为关键词

在工作实践中，除了同义词替换，还有一种很巧妙的检索方法，即以动宾短语中的动词为关键词进行检索。我们使用表1.1中的部分例子做二次思维发散，见表1.2。

表1.2 以动宾短语中的动词为关键词

情境	直接关键词	"动词"关键词
想写"存在的问题"部分	问题	直接关键词"问题"的常用搭配是"面临……问题"，即这两个词经常相伴出现。因此，可以把"面临"作为关键词进行检索，比如写人才建设面临的问题，可以在检索框中输入"人才建设 面临"

续表

情境	直接关键词	"动词"关键词
想写"存在的问题"对应的"对策"部分	对策	经常与"对策"同时出现的词/短语是"进一步推进""加快推进"等,因此,可以在检索框中输入"进一步推进 人才建设""加快推进 人才建设"
想写一篇欢迎新人加入的领导讲话稿	领导讲话	在欢迎新人的讲话中,领导经常会提出几点要求,常用的动词是"期望",因此,可以以"期望"为关键词进行检索,在检索框中输入"新入职 期望"

 ### 3 学会拆解金句

在质量较高的公文中,我们可以看到很多提纲挈领的金句,其中不乏经典短语,比如"五位一体""双轮驱动""一体两翼""数字赋能"等。那么,我们做反向思考,在检索工作总结等长篇公文时,以这些短语为关键词,是不是更容易检索到高质量素材呢?

比如,以"社区治理 数字赋能"为关键词,可以迅速检索出使用数字技术助力社区建设的新举措。

【学姐唠叨】

检索，不是为了照搬照抄，而是研究新事物的第一步，即认识事物。认识事物的第一步是充分占有资料，这个顺序和我们在读书期间撰写学术论文的顺序一样。选择"翻一翻、看一看、想一想、学一学"，还是"拖一拖、等一等、愁一愁、要一要"，注定是两种不同的人生。

找到关键：好词、金句"亮"在哪里

　　经常有读者在我的公众号"陶然学姐"的后台留言，问我与检索有关的问题，比如，为什么我收藏了很多金句，但是写公文时完全用不上？我也想按照前文介绍的方法进行思维发散，但是我想不到这么多关键词怎么办？

　　这类问题很好解答。收藏的东西一直用不上，是因为没有进行深度理解和加工、内化。很多人小时候热衷于收集糖纸，长大一点后喜欢收集歌词、热门电视剧贴画、包装盒、购物袋，工作后变为收藏各种金句模板、知识干货，但是，正如曾经收集的优美歌词并没有提升自己的写作能力，工作后收集的金句也没有解决自己的公文写作难题。这里的关键因素在于，看到一个金句就点击"收藏"这个动作，没有对理解、内化起到任何作用。那么，应该如何处理和运用金句呢？我的方法是看到金句时，想一想提升它格局的关键词是什么，这个词才是值得收藏和记忆的东西。

比如，在《数字赋能智慧社区建设，打通基层治理的最后一公里》这个标题中，哪个词是提高句子质量的关键词呢？显然是"赋能"。那么，在未来的检索和写作过程中，就要学会使用这个词。

同理，在《打造"党建＋产业"双引擎，探索富民增收新路径》这个标题中，哪个词是提高句子质量的关键词呢？是"双引擎"。提取关键词后，要立刻消化、记住，或者整理在自己的专属词库本中。如果未来开展某项工作时，恰好有两个重要举措同时推出，需要为相关文章取一个响亮的名字，就可以在自己的脑海中或词库本上找到"双引擎"这个词，以它为关键词进行检索。仅收藏金句是没有用的，只有把金句内化，在实操中理解金句及其关键词的含义和应用场景，这些素材才能真正为我所用。

此外，进行仿写训练也是快速找到自己的关键词盲区的方法。比如，阅读上级部门下发的文字材料中写得非常好的段落后，自己在电脑上或者纸张上复写一遍，会发现有大量的词汇被自己用低配版的同义词进行了替换，替换后的效果远不如原文，这时回头去看原文，记忆是最深刻的。反复进行仿写训练，会让你再看到某个关键词时，立刻想起两个以上的相关关键词，时间久了，自然会拥有"写一个词带出一串同义词"的能力。

地毯式检索："影视音图文"全面无死角

随着互联网的发展和智能手机的普及，政务号图文、短视频、音频等多样化的工作成果展示形式给我们提供了更多的检索路径。

在工作中，我发现，年底，各单位通常会以一张长图的形式对全年的工作情况及来年的工作思路进行形象呈现，这种长图制作精美、逻辑清晰、结构完整、文字会经过精雕细琢和多级审核，是非常好的公文写作学习素材。但是，如果我们使用微信直接检索工作报告或者工作思路，很难找到这类高质量长图，因为长图模式会对文字和图片进行压缩合并，文字检索是无法识别其关键词的。不过，这类长图的推送标题依然是文字形式，而且多含有"一张图读懂""一图速览""一图看懂"等关键词。于是，我想到一个非常好用的检索方法，即"关键词＋一张图／一图速览／一图看懂"。很多参加公文写作培训的学生对这种方法的评价极高，用网络词汇来形容就是"赢麻了"。

此外，各单位还有一些重要的工作成果是以招商短片、宣传片、纪录片、演讲比赛、宣讲比赛、颁奖典礼、开幕仪式、行业先进评选活动等形式呈现的，因此，我们检索素材时，不仅要在文字平台上检索文章，还要尝试在相关的视频、音频平台上检索脚本内容。

我经常对参加公文写作培训的学生说，努力不是盲目地投入时间，而是拼命地穷尽思路。对待一项工作，你真的把可用来学习、提高的方法都尝试一遍，再来说"我不会"，才有可能是遇到了真正的困难、瓶颈。事实上，很多时候，执笔人在检索的过程中就找到了自己的思路和答案。

问题 6

有效检索，要去有鱼的池子钓鱼

在企业经营中，有这样一句广为流传的话："去有鱼的地方撒网，去有草的地方放羊，去有活力的地方找市场。"也就是说，在人力、物力和机遇有限的情况下，针对市场开发、客户拓展、产品销售，必须集中有效精力和资源，把业务重点聚焦于客户集中的热点行业、重点区域，才能从根本上提升企业的经济效益。这个过程被称为"资源的优化配置"。

投资家查理·芒格说过类似观点："投资和钓鱼一样。钓鱼有两个原则，第一个原则是在鱼多的地方钓鱼，第二个原则是记住第一个原则。"

这种思维方式非常值得我们借鉴。"去有鱼的池子钓鱼"，迁移到公文写作领域，意思是找到恰当的素材池，才能高效检索到自己想要的素材。

以前，我以为讲到这个程度，大家就能理解了。但根据部分参加公文写作培训的学生的反馈，我发现很多执笔人面对的困境不是"不明白要去有鱼的池子钓鱼"，而是"不知道鱼在哪儿"。也就是说，很多时候，执笔人根本不知道鱼儿在水里这个事实，在陆地上苦苦"检索"，结果只能是一无所获。

举个例子，我看过一篇先进事迹演讲稿，执笔人非常想写出生动、感人的风格，努力地对文字进行了价值升华，但是文章看起来始终是严肃、内敛的工作总结风格。我说："你去找一些充满情感张力的句子，看看人家是怎么表述的。"执笔人按照《从零开始学公文写作》介绍的基础方法进行了检索，输入"情感张力业务"，努力检索了半天，没有检索到任何自己需要的素材。

这就是"不知道鱼在哪儿，找到了草丛里"。

我尝试引导："你想一想，你所在的行业，写哪些公文时会用到充满情感张力的句子？"执笔人说："演讲稿。"我说："是的，但是不仅仅是演讲稿，还有宣讲稿、行业人物评选、诗朗诵等，所以，你可以检索'行业＋行业先进评选活动''最美××人''年度榜样人物''颁奖典礼''诗朗诵'等关键词，找到整场或部分现场视频，看看这些素材是如何呈现宏大的叙事格局、如何刻画人物性格及形象细节的，以及哪些词汇感情丰沛、让人动容。读一读，帮助自己找到写这类公文的'感觉'。"

顿悟时刻，我需要的素材原来在这里

明白了"要去有鱼的池子钓鱼"后，有的执笔人依然有困惑：为什么我"钓鱼"的时候，总是找错池子呢？比如总是在鲤鱼池里钓鲫鱼，在鲫鱼池里钓黄鱼。

这是因为缺少对公文语言进行刻意熟悉的训练。比如，领导让我们去看一场演出，如果我们对自己的要求仅仅是去当观众，那么这次看演出可能就是白白浪费时间，很多时候中途就开始玩手机了。我经常对参加公文写作培训的学生说，青春宝贵，把有限的时间投入某项工作后，要努力做到"一鱼多吃"，养成刻意丰富自己的词库的习惯，比如看到报告厅门口的海报，留意哪个词出现在了宣传海报里；走进礼堂、报告厅，尝试判断大屏幕上的哪个词是主题词 / 关键词……久而久之，对不同"鱼"的家会有清晰的印象。

【情境】

大美县要加大招商引资力度，领导要求小白写一篇关于本县历史概况、自然环境、经济发展现状、特色产业和未来规划的介绍，用于制作招商引资推介册。

按照前文反复强调的思路，第一步，要把检索培养为下意识的反应；第二步，要想一想"招商引资推介"的素材内容主要出现在哪些地方。大家看到这里，请先停下来自己思考一下，再对比表 1.3，判断自己的思路的完善程度。

表 1.3　检索对象及主要素材

待办工作	检索对象	主要素材
制作招商引资推介册	招商宣传视频脚本	可以提供非常完整、成熟的当地概况、经济发展现状、产业项目介绍等内容，但是视频语言相对于书面语言而言更加活泼生动，需要做文字风格的转化
	文旅宣传视频脚本	可以提供自然条件介绍、历史人文情况介绍、文旅类重点项目介绍、摄影资料等内容
	招商部门近三年工作总结	可以提供制度机制、优惠政策、营商环境、发展现状、远景规划等内容
	人才引进相关会议讲话	吸引人才的是当地的优势和特色，在人才引进大会的讲话稿等公文中，会有对当地非常凝练、准确的概述性介绍
	县志	可以用来复核介绍本地历史、地理、风俗、人物、文教、物产等内容的准确性

看到这里，我们可以发现，这个检索思路的本质是"从终点倒推起点"。

我们再举一个例子。

【情境】

　　领导安排小白写一篇关于"乡村振兴"的调研文章，小白调动检索意识，开始思考"乡村振兴"主题的文章都会出现在哪里……

大家看到这里，可以停下来想一想，看看自己能想到几个地方。

小白思考了一下，发现可以在以下几个地方检索。

①学习强国 App（"乡村振兴"相关文章）。

②各地政务官网"乡村振兴"专栏。

③"国家乡村振兴局"公众号。

④乡村振兴工作先进人物报道。

⑤上级部门部署乡村振兴工作的通知、方案及讲话。

⑥兄弟单位已经发表的乡村振兴类政务信息。

⑦有关乡村振兴工作的署名文章、调研论文、新闻评论。

⑧专业的学术网站对乡村振兴的研究。

⑨部分高校农村与农业发展学院的官网。

有些执笔人会感到困惑，为什么有的人能想到这么多检索素材的方法，而自己写了好几年公文，都没有总结出实用的规律呢？

我的工作、生活习惯是每做一件小事，都研究一下对应的底层逻辑，比如，看到一个点击量非常高的短视频，会想一想为什么这个短视频如此火爆，是结构设计得好，开头用连续的反问句不断设置了悬念，还是脚本文案写得好，让人更容易共情？是节奏安排得紧凑，增加了亮点，还是画面、音乐等辅助要素为其加了分？只需要稍稍动动脑筋，下次做类似工作时就能想起可以借鉴的要点。

【学姐唠叨】

每个词都有自己的"家"，工作中，要多留意不同的词的"家"在哪里，需要检索时，才能够迅速找到"门牌号"。

破解盲目收藏一箩筐，用的时候找不到

工作中，很多执笔人有随手收藏写作模板和金句素材的习惯，时间久了，这些素材难免杂乱无章，陷入"收藏必吃灰""归集后必找不到"的怪圈。

所谓"收藏必吃灰"，意思是看到一个金句，点击"收藏"后，很可能再也不会打开看第二遍。

所谓"归集后必找不到"，意思是将收藏的素材分门别类地归集到电脑中的文件夹中后，动笔写公文时，就算逐个点开文件夹，逐个查看文件，也大概率找不到自己需要的内容。

使用电脑的检索功能，输入关键词，可以定位到目标文件。但是，使用这个方法，仅能检索到文件标题中含有目标关键词的文件，更多的时候，执笔人需要的是找到文件内容中包含目标关键词的文件。我们怎样才能实现精准定位和检索呢？

在这里，我分享一个方法，充分利用 Excel，如图 1.1 所示。

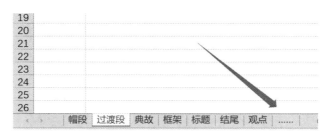

图 1.1　用 Excel 归集和检索素材

第一步，根据工作需要和个人习惯，对常用的公文结构进行拆分，并为每一部分设置单独的表单（在 Excel 中，未命名的表单显示为"sheet×"），比如，分别重命名表单为"帽段""过渡段""典故""框架""标题""结尾""观点"等。日常工作中，执笔人看到好词好句、精致标题、新颖的框架结构、逻辑层次清晰的帽段、语言分寸得当的过渡段等，可以粘贴入对应的表单。

第二步，同时按下键盘上的"Ctrl"键和"F"键，输入关键词，选择"工作簿"（不是工作表），单击"查找全部"，即可把各个表单中包含目标关键词的段落一并检索出来。比如，执笔人需要撰写一篇"创新"主题的文章，可以按照该步骤逐项操作，如图 1.2 所示。

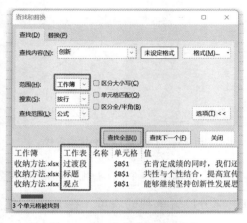

图 1.2　在工作簿中检索关键词

这样，就可以把包含"创新"这个关键词的各个素材迅速检索出来。

【学姐唠叨】

在公文写作培训中，经常有学生提问，是否可以使用外部工具，如使用图谱类软件协助完成对具体内容的精准检索。类似软件，我并不推荐使用。一是因为这类软件的使用难度较大，需要进行专业学习；二是因为公文写作的性质决定了我们要严格按照规定使用电脑和外部软件，不可为了一时方便，人为提高失泄密风险；三是很多办公电脑会安装安全程序，限制外部软件的接入。掌握好前文介绍的"土办法"，其实足以应对日常工作。

第 2 章

选词用词，好词、金句
如何为我所用

词语是文章的"细胞"。很多执笔人备考公务员时，背诵了很多好词、金句，但是工作后需要大量写公文时常常提笔忘词。为什么会这样呢？这个问题很好回答。好词、金句的作用是"锦上添花"，能够为句子增添文采，但是没有它，句子的完整和意思的表达不受影响。基础词句则不同，基础词句的存在是"雪中送炭"，无论是缺省还是错用，都会导致低级错误或语法硬伤的出现。换言之，如果没有基础词句的合理使用功力，好词、金句是没有用武之地的。

　　本章详细介绍公文写作中常见的词语使用问题，帮助执笔人掌握好词、金句的用法。

随处可见的"公文必备词组"真的有用吗

有执笔人问我，经常在网上看到声称"背了就能用，公文写作常用高级词汇／公文必备词组"的文档资源，有的四字一组，有的五字一组，背诵这些资源真的能解决写作问题吗？

这个问题很好回答——如果可以解决，我们就不会通过这本书相遇了。举例说明，把每个词汇比作一块乐高积木，熟悉每块积木的样子，就能拼出包装上展示的玩具吗？答案显然是否定的，因为每块积木都有正确的位置，位置不对，再熟悉也没用。同理，词汇再高级，安排在错误的位置上，也会导致站位不高、表达不准、语言分寸失当等问题的出现。

此外，拼装乐高积木，能否拼出包装上的图案，最关键的影响因素是什么呢？是是否看懂了玩具随附的说明书，即拼装指引。说明书说明的是什么？是模型的逻辑结构。如果只是背诵零散的词汇，相当于动动这个积木，又动动那个积木，动来动去，地上还是一堆零件。

那么，问题来了，职场新人工作时间短，没有公文写作的"说明书"，也没有公文写作逻辑结构的概念，怎么办？我们还是以拼装积木为例。商场的橱窗里陈列了新的模型玩具，你每天都能看到它，看多了自然会知道它大体是什么形状，总共有几层，各层分别有哪些颜色，每个色块的长度大概是多少等。其实这个过程就是整体感觉的建立过程，在公文写作领域，就是公文写作宏观驾驭能力的培养过程。有了宏观驾驭能力之后，再一点一点去琢磨细节，才知道应该用哪些词，分别用在哪里。

可能有的执笔人依然感到困惑：这些高级词汇毫无用处吗？客观来讲，我的确没有背诵过这些词汇，因为如果词汇之间没有逻辑，很难背下来。即使辛苦地背了下来，也不知道这些词汇的应用场景。那么，我会背什么样的词汇呢？背生活中的表达词汇。

这种记忆有一个非常大的优点，即词汇是和句子、场景密切结合在一起的。无论你去参加会议、文体活动，还是生活中外出吃饭、休闲，都能发现很多优秀的表达。比如，有一次，我去餐厅吃饭，发现餐桌的垫子上印着一句话，如下所示。

再小的绽放，都是你闪光的样子。

这个句子可以用在哪里呢？需要在政务号上开设一个有关基层选调生的动态专栏时，我们可以化用这个句子，作为专栏主题，举例如下。

　努力绽放，选调生闪光的瞬间。

【学姐唠叨】

　我们经常说，生活化减肥是相对健康的、最好执行的身材管理方式，即合理管理日常的饮食习惯、运动习惯，用平缓的方式实现减重的目标。如果突然产生减肥的想法后，在辛苦节食和暴饮暴食之间反复横跳，往往坚持不了多久。学习公文写作同样如此，心血来潮地做事往往是三分钟热度，看似很努力，其实并没有实现能力的提升。

问题 10

"高级词汇"为什么背了就忘

如果不刻意背诵高级词汇，怎么学习才能够理解、内化经典的高级词汇并让其为我所用呢？我们看一个例子。

【情境】

小白最近读了一篇非常好的文章，叫作《"后亚运时代"如何开启》，来自公众号"浙江宣传"，里面有如下一段话。

我们期待再相聚，也思考，亚运圣火点燃的光将如何从"一时亮"到"一直亮"？进入"后亚运时代"，于杭州而言，场馆设施如何再利用、体育运动如何再延续、亚运精神如何再传承？

在这段话中，有哪些高度凝练的词汇非常值得我们去学习、记忆呢？我看到"从'一时亮'到'一直亮'"这个短句后，立刻想到了"新华网"公众号推送的文章《新华网三评"假期旅游"：让堵心变顺心、让流量变"留量"、让过客变常客》。我们把以上几个短句摘录出来，对比一下结构，很容易有新的写作思路，见表 2.1。

表 2.1 高级短句使用分析

原文	分析
从 "一时亮" 到 "一直亮"	对比可发现，几组短句都是 "从 A 到 B/让 A 变 B" 的结构，其中，B 是 A 的向好发展
让堵心变顺心	
让流量变 "留量"	
让过客变常客	

增加了这个思考过程，才能做到把 "点" 连成 "串"，看到一个想到一堆，真正理解、内化 "高级词汇"。有的执笔人可能会疑惑，如果看到好的词汇 / 短句就这么思考，多浪费时间？有时候只是玩手机的时候看到了，没有办公条件进行及时整理怎么办？

在我的理解中，成年人的学习不是必须万事俱备才能开始，不是必须端坐在书桌前才能学习。养成习惯之后，刻意记忆的过程大概只需要几秒钟的时间，过一下大脑，加深一下印象就可以了，将来自己写作时，大脑即可调取类似的结构，让自己有更多的灵感和启发。

【学姐唠叨】

　　上述方法，本质上是思维迁移的实际运用。工作中，我们既要尝试在同类事物中迁移，也要尝试跨领域、跨门类迁移。如果迁移不动怎么办？阅读时慢一点、深一点，每次读完都问问自己，已读内容的重点是什么？经过反复、刻意训练，大脑才能拥有良好的思维习惯。

问题 11

读报纸为什么无法快速解决字词问题

　　只要动笔就心虚，打开 Word 就放空，最怕听到写公文，愁得整宿不睡觉——这是很多执笔人面临的写作困境，头发掉了不少，作品质量却始终不高。有些职场新人会去问单位领导或者"笔杆子"，到底应该怎样把写公文的基础打好，单位领导或者"笔杆子"通常会给出如下答案。

　　"多看看上网信息，多读读报纸就好了。"

　　"慢慢来，多写写就好了。"

　　"你还小，这么年轻，过几年就会写了。"

　　然而，几年过去了，很多执笔人依然不会写，写作水平越来越明显地影响着工作效率、成长进步的速度，甚至制约着遴选笔试的成绩。那么，问题来了，被很多人提及的"读报纸"这一方法，到底能不能帮助职场新人解决基础的写作问题，即字词问题呢？我从阅读和朗读两个角度来分析。

现在，我们需要明确的是，阅读报纸重点读什么。

曾有执笔人问我，领导要求他在写宣讲稿时加入一些群众对话，公文的陈述性语言和对话的互动性语言之间应该怎么衔接呢？我想了想，建议他回忆一下小时候阅读的《中国少年报》。《中国少年报》上经常出现如下内容。

"做好每一件简单的小事，也是不简单的事。"这是大美镇少年王小明写在日记本上的一段话。

这就是一个陈述性语言和互动性语言转化的实例。

如果我不特别介绍，大家有学习这种写作手法的意识吗？阅读，不仅仅是读故事、读信息，更是读写作手法。阅读报纸需要再上一个台阶，读语言逻辑、读政策理论。无论是哪一个层次，从提高写作水平的角度来讲，阅读的门槛都是非常高的。这也就可以解释为什么读书看报多的人未必会写公文了。

如果执笔人确实对报纸上的文章有很大的学习需求，可以从抄写入手，逐步熟悉其写作手法，比如购买一些以报纸内容为临摹范例的字帖，通过临摹、抄写感受文字的精练，建立基本的字词语感。使用这个方法还同步练习了书法，有助于提高未来遴选笔试的卷面美观度。当你阅读时能实时反应这里多了"的"字是别扭的，那里少了"了"字是错误的，说明你努力了这么久，终于对文字有感觉了。

那么，有没有更好、更快的方法呢？有的，用跟读替代朗读、默读。在《从零开始学公文写作》中，我介绍了配音的方法，但是通过复盘公文写作培训情况，我发现，解决字词问题的基础前提是知道一句话中哪个词是重音，哪个词需要紧密连接哪个词。如果自己的语感非常弱，盲目进行没有章法的朗读、默读会不断强化自己错误的重音位置、语言逻辑和表达节奏，换言之，如果你习惯的语感是错的，没有正确范例的朗读、默读会让你强化错误的记忆，导致更糟的写作、阅读习惯。

学习字词、培养语感，首先要知道什么是对的，什么是错的。智能手机的出现和普及为我们提供了便捷的学习路径，如果学，就要向最好的学，向最标准、最规范的学。执笔人可以检索学习强国 App 等官方平台，找到优秀播音员的朗读范本，用跟读的方式纠正自己错误的语感，熟悉字词在句子中的常见位置和搭配方法，练习久了，就会拥有正确的语感。

【学姐唠叨】

我所介绍的所有练习方法，都是在与读者和参加培训的学生的互动中不断摸索升级的。"模仿"和"跟读"是我通过实践总结出的提高字词敏感性的最好方法。在我的成长过程中，

　　"写"和"说"始终是我比较擅长的部分。经常有人问我如何提高这两个能力，如果说"写"主要靠量的积累，"说"便主要通过模仿提升。我从小喜欢模仿电视台主持人说话的节奏、音质，在机场、车站听到好听的报站声音也会跟读，几十年下来，对文字有了高度敏感，知道哪里要重读、哪里要轻读、哪里要连读。这对写作能力的提高有着重要意义，因为阅读时的轻重缓急习惯会影响写作时的起承转合节奏。

问题 12

公文规范词汇，为什么背了也不会用

备考公务员时，很多人背诵过公文词汇的规范表达，但是工作后，需要规范表达的词汇随着工作量的提升迅速增加，前期储备很快捉襟见肘。我总结了部分常用的公文词汇，用正向思维带大家做规范表达转化练习，见表 2.2。

表 2.2 口语表达与规范表达的对比实例

口语表达	规范表达
基础人才供大于求，专业人才供不应求	人才需求和人才结构错位
全部当场办结	一站式办理
出问题牵扯部门多，一件事分给不同部门管理	责任主体不明、权责不清、多头管理
要把窗口办证效率提上去，服务态度要更好	提升政务服务质效
工作人员到企业实地了解困难，并讲解优惠政策、解决资金难题	助企纾困

　　如果只做这一步练习，大家会发现，动笔写作时依然想不起来背诵过的规范表达。这是因为口语表达和规范表达是多对一的关系，比如，"需要信息共享、协同联动"这句话可以用于提炼不同人、不同部门、不同单位、不同事件因为信息不对称导致的效率低下问题的解决方法，我们的日常思考逻辑如图 2.1 所示。

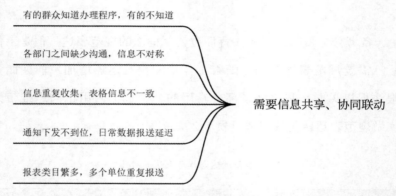

有的群众知道办理程序，有的不知道

各部门之间缺少沟通，信息不对称

信息重复收集，表格信息不一致

通知下发不到位，日常数据报送延迟

报表类目繁多，多个单位重复报送

需要信息共享、协同联动

图 2.1　口语表达问题与规范表达解决方法的多对一关系

　　换言之，执笔人日常积累的可能只是规范表达对应的一种情形，换一种情形，就想不起来了。面对这种问题，执笔人可以尝试进行"反向练习"。当我们看到一个对自己来说提炼难度比较大的词汇/短句时，尽可能多"想象"一些适用场景，即思考方向与实际使用逻辑恰好相反，如图 2.2 所示。

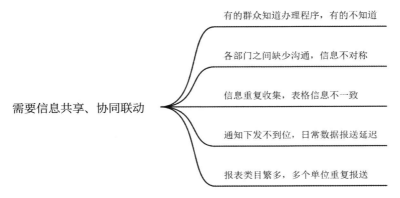

图 2.2　规范表达解决方法与口语表达问题的一对多关系

【学姐唠叨】

　　其实，我们在中小学阶段受过大量的相关训练，比如，考试中，计算商品折扣，会用到"百分比"；计算还款比例，也会用到"百分比"，老师在安排复习时便经常引导大家思考，"百分比"公式可以用于哪些题目呢？计算银行贷款利率、商品折扣、男女生比例、榨油出油率等。读书时，老师帮我们做了由点到面的梳理工作，工作后，我们要学会把这个思路迁移过来。

不会使用连接词，一写就是流水账怎么办

　　工作中，我们还经常遇到一种情况，即工作内容繁杂，各项内容是并列关系，删掉其中任何一部分都不可以。这么多并列的内容，怎么处理才不会罗列得像流水账一样，显得更加有条理呢？

【情境】

　　小白所在的单位承办了一项工作的启动仪式，包括座谈会、专题课和宣传活动，分在 3 个会场同步进行。启动仪式结束后，领导安排小白写一篇简单的通讯稿。

　　小白很快写出了初稿，如下所示。

【初稿】

启动仪式分为组织座谈会、讲授专题课、开展宣传活动 3 个环节同步进行。**在座谈会上**，市教育局代表、部分高校代表就如何健全校园网络安全体系进行了研讨交流。**在专题课上**，××向师生讲授了名为"筑牢校园网络安全"的课程，介绍了网络安全保障、新技术、新应用和人工智能的相关知识。**在宣传活动上**，宣传展厅工作人员摆放了宣传展板，设置了咨询点位，现场发放了宣传手册，向在校学生展示网络安全相关法律法规、解答日常上网注意事项等。

我们可以看到，在这个情境中，有 3 项并列关系的工作内容。小白用"在……上"或者"在……方面"写通讯稿本身没有问题，但是如果该工作有 4 项、5 项，甚至更多内容，按部就班地罗列就显得有些简单、粗糙了。

这时，"连接词"的作用就突显了。为了更好地呈现两种写法的不同，我用表格做进一步对比分析，见表 2.3。

表 2.3　连接词在层次划分上的使用

原文	分析	修改后	连接词
启动仪式分为组织座谈会、讲授专题课、开展宣传活动3个环节同步进行	启动仪式是分在3个会场，不是设置了3个环节。环节是同一件事的不同步骤，会场是独立的场所及其活动。"座谈""授课""宣传"是3个会场的主要内容，不是3个环节的主题词	启动仪式设3个会场同步进行，**分别开展**座谈讨论、专题授课和宣传活动	这里的连接词使用了"分别开展"，类似的常用词语还有"依次是""先后通过""先后获得"等

原文	分析	修改后	连接词
在座谈会上，……。在专题课上，……。在宣传活动上，……	这个写法无误。优点是比较清晰，写篇幅较短的公文是没有问题的。此处，我们可以换一种方式，让过渡更加自然，让活动推进呈现得更加顺畅	**座谈会上**，市教育局代表、部分高校代表就如何健全校园网络安全体系进行了深入研讨。**为进一步**提高大学生网络安全意识，××以"筑牢校园网络安全"为题，**就**网络安全保障、新技术、新应用和人工智能进行了专题授课。**与此同时**，宣传展厅工作人员通过摆放宣传展板、设置咨询点位、发放安全手册等方式，向在校学生普及网络安全法规，解答学生关心的网络安全问题，倡导文明上网习惯，鼓励共同营造健康、清朗的网络空间	在描述第一项工作内容时，使用了"座谈会上"这一常用表达；在引入第二项工作内容时，使用了"为……，……进行了……"这一目的状语，做了一个变化处理；在介绍最后一部分工作内容时，使用"与此同时"这一连接词与上一个层次进行切分。使用不同的连接词，会降低堆砌感和罗列感

【修改后】

启动仪式设 3 个会场同步进行，**分别开展**座谈讨论、专题授课和宣传活动。**座谈会上**，市教育局代表、部分高校代表就如何健全校园网络安全体系进行了深入研讨。**为进一步**提高大学生网络安全意识，××以"筑牢校园网络安全"为题，**就**网络安全保障、新技术、新应用和人工智能进行了专题授课。**与此同时**，宣传展厅工作人员通过摆放宣传展板、设置咨询点位、发放安全手册等方式，向在校学生普及网络安全法规，解答学生关心的网络安全问题，倡导文明上网习惯，鼓励共同营造健康、清朗的网络空间。

【学姐唠叨】

读书时，无论是备考中高考英语还是考研英语，老师都会强调，在回答最后一道作文题时，要多使用连接词，让段落层次更加清晰，比如"moreover""besides""inaddition""furthermore"等，不要仅使用"first""second""third""finally"等。这依然是"知识迁移"思维方式的应用。

明明是领导讲话，为什么像下属表态

第 1 章介绍过，不同的词汇会在不同的"池子"里，这里，我们进一步学习。仅知道词汇的位置是远远不够的，还要关注词汇与人物主体的匹配问题。道理很简单，很多读者有自己的网名，"70 后"的网名大多是"海阔天空""云淡风轻""守望幸福""岁月静好""静水流深"，"80 后"的网名多如"花开半夏""在水一方""天空之晨""与光同尘"，"90 后"和"00 后"的网名更加活泼、多元。同理，公文写作的选词、用词，也要与人物主体的年龄、性别、职级、性格特点匹配。

【情境】

小白要给单位的主要领导写一篇用在援建干部座谈会上的讲话稿。

小白的初稿如下。

【初稿】

同志们：

刚才 ×× 同志汇报了援建工作的推进情况，听完之后，我很受鼓舞、倍感振奋，既体会到了援建工作的重要意义，又感受到了对口支援干部、人才的责任担当和奉献精神。在此，我谨代表区委、区政府向全体支援干部、人才表示亲切的慰问和衷心的感谢！

看到这里，读者可以停下来，想一想哪个词的使用有问题。在公文写作培训中，我经常锻炼学生"一眼看材料"的能力，即让学生关注自己看到不同内容的第一反应。这个过程，本质上是检验文字敏感性的过程。

小白的初稿，第一眼看过去，我们会发现"很受鼓舞""倍感振奋"这两个词有点别扭。想一想，这两个词通常会出现在什么场景中？参加一次重要的会议、听过一场感人的报告后，我们经常在表达个人的体会、感悟时说："听完这场会议／报告，我深受鼓舞、倍感振奋。"座谈会上，负责人介绍完情况，主要领导讲话时，使用这两个词显然是不合适的，可以替换为更符合主要领导站位的"非常感动，也很受启发"等表达。

【修改后】

同志们：

刚才 ×× 同志汇报了援建工作的推进情况，充分展现了援建工作的重要成果，全面彰显了对口支援干部、人才的责任担当和奉献精神。听完之后，我非常感动，也很受启发。在此，我谨代表区委、区政府向全体支援干部、人才表示亲切的慰问和衷心的感谢！

【学姐唠叨】

为什么明明是"自上而下"的讲话，小白写出来的初稿会有"自下而上"的感觉呢？除了"很受鼓舞""倍感振奋"等选词、用词不符合人物站位，还有很重要的一点是没有加入领导的思考逻辑。修改后的讲话稿用"充分展现……"和"全面彰显……"两个短句概括了领导对这项工作的理解，两个短句一个是从领导的角度讲，一个是从受众的角度讲，这样的领导讲话才是全面的、有高度的。

明明想谦虚低调，用词却高不可攀怎么办

在问题 14 中，小白的选词、用词问题是"大人物用小词"，把讲话人的站位拉低了。在工作中，还有一类问题恰恰相反，是"小人物用大词"，选词、用词同样不符合人物的年龄、身份和场景。

【情境】

小白大学毕业后入职一家国企，工作一年后被借调到上级单位机关部门。近期，机关领导将带队赴小白曾工作的国企（小白的编制所在的单位）进行交流，领导说："小白，要去你的单位调研了，你准备一篇简短的发言稿，说几句。"

我们来看看小白的初稿。

【初稿】

尊敬的各位领导、同事：

非常开心有机会参与此次交流活动，也非常感谢领导给我这个发言的机会。

转眼间，借调到新单位已经一年有余。在这段宝贵的时间里，我不断改进自身不足，积极努力地融入了部门工作。借此机会，我想表达 3 点：一是感谢公司把我借调到机关部门工作，让我站在更高的平台上，丰富了阅历、开阔了眼界、增长了见识，很好地锻炼了各项工作能力；二是我注意到，这些年，机关部门十分关心企业的发展，我相信在领导的带领下，大家会取得更大的成绩；三是感谢机关领导对我的帮助和教导，让我进一步提升了自己的基本素养和业务能力。

在今后的工作中，我将继续努力工作，珍惜借调机会，圆满完成各项工作任务。

看到这里，读者可以停下来思考一下。这篇座谈发言稿，你看完是什么感觉呢？是不是感觉有的句子像领导"自上而下"的讲话，不符合小白的身份和站位呢？我们分析一下，到底是哪个词使用不当，造成了这种错位的感觉。

回想学生时代学习英语的过程，我们经常晨读、听磁带，所以很清楚哪些词是固定搭配，哪些短语通常出现在哪些场景中，比如，我们知道"there be"句型大多出现在描述物品位置的场景中，不会出现在询问年龄的场景中。

公文写作也是如此，在日常参加会议的过程中，执笔人一定要仔细听，哪些词常出现在领导的讲话中，哪些词常出现在下属的汇报中。有些语言显然是单位的主要领导指导工作时的常用语言，如"借此机会，我想表达3点""我注意到""十分关心企业的发展"等，用错了词，站位就会出现偏差。

那么，小白应该怎么写呢？用什么词既能表达出对原单位的感恩，又能表达出对借调单位的感谢，还能表现自己谦虚学习、积极努力的品质呢？

在《从零开始学公文写作》中，我介绍过一个名为"角色代入"的方法，即如果你把握不了应该写什么、怎么写，可以对现实场景进行"降维"处理，降为自己能理解的类似场景。比如，我们对情境中的场景进行"降维"处理——你去一个距离自己的学校很远的名校做交换生，机会宝贵，只有一个名额，不久后，你借着一个大型交流会的机会，回到自己的学校参加交流。

在学生时代，你很久没有见到同窗好友，很久没有见到熟悉的老师，内心是非常激动的吧？有说不完的话，分享不完的趣事。这时，你会怎么说呢？你可能会说："天啊，我真的没想到居然能借着开会的'东风'回来，我真的太想念咱们的食堂了！我还要赶紧回宿舍看看我养的花花草草长得怎么样了！"如果有同学问你："去那边生活得怎么样啊？快说说。"你应该不会说："这个机会太好了！我跟你说啊，人家的实验室才叫实验室，人家的食堂既便宜，又好吃，可以同时容纳一万人，根本不用排队。导师也特别好，帮我改论文，标点符号都不放过。"你应该也不会说："虽然我远在名校，但是一直关心咱们学校的发展。"

回到情境中的场景，这件事情很简单，就是小白借着调研的"东风"回家了。明确了"回家"这个站位，我们就可以轻松找到适合这个场景的词汇。

【修改后】

尊敬的各位领导、各位同事：

当我收到通知，知道能够随同领导参加这次活动时，我心里特别激动，也特别期盼。这次活动对我而言，是交流，更是回家，是对自己被借调以来工作的汇报和检验。（注：是"回家"，不是"视察"；是原单位的领导检验小白借调学习的"作业"）

特别感谢公司在我入职不久给予我如此宝贵的学习机会，特别感动于各位领导在工作中细致入微的指导和帮助，也特别感激各位同事在工作、生活中给予我的关心和照顾。

我会努力工作，保持初心（注：始终不忘原单位），保持虚心（注：认真在借调单位学本领），保持细心（注：兢兢业业对待工作），圆满完成各项工作任务，不辜负领导和同事们的信任和期望。

【学姐唠叨】

撰写座谈会发言稿是执笔人在工作中时常面对的"老大难"问题。表面上看，撰写发言稿检验的是对站位的把握准确与否。根本上看，撰写发言稿检验的是执笔人的情商、系统思维是否合格，看待问题是否周全，语言分寸是否恰到好处。为什么擅长公文写作的人经常会获得更多的进步机会？并不仅仅是因为他们有更多和领导沟通、交流的机会，还因为他们是真的有想法、有思考、有逻辑、有思路。

问题 16

领导评价"用词不分轻重"是什么意思

在《从零开始学公文写作》中，我曾提到，在撰写查摆问题、批评和自我批评、廉政教育、警示教育、通报情况等以"找问题"为主的公文时，执笔人一定要高度警觉，下笔要字斟句酌。因为这类公文的选词、用词与问题、事件的严重性密切相关，有时甚至会影响对他人做出的处理决定的轻重，比如，要准确、慎重地使用无视、恶劣、擅自、遗漏、疏漏、性质、重大、极大、反思、反省、淡薄、侥幸、隐患、不力、不当、懈怠、失序、未按规定、流于形式、不良影响、多次出现等词语。这是选词、用词对工作"质"的影响。

在公文写作中，仅仅明确"质"的区别是不够的，还要明确同义词语的"量"的区别。也就是说，执笔人要明确自己应该用几分力气去呈现目标工作。在工作中，这叫作明确"下笔的力度"。

【情境】

　　小白所在的县和相邻县针对河道治污问题反复沟通无果，领导非常生气，准备向上级主管部门汇报此事，安排小白写相关汇报稿。

　　小白的初稿如下。

【初稿】

　　跨域水环境污染协同治理需要进一步加强。近年来，我县与××县全面推进跨域水环境污染协同治理工作，先后签署了《河长联合巡查制度》《跨界河流联防联控合作协议》等系列文件，努力打造共建、共享、共治的新格局。但从日常管理及跨县流域突发水污染事件应对情况看，上下游联防联控工作在制度保障、技术支持上需要加大力度。

　　小白将初稿交给领导，领导看后说："这个稿子写得一团和气，能解决问题吗？下笔力度太弱了！"

　　小白感到疑惑，用什么样的力度写才算合适呢？

　　在工作中，积累规范表达的词汇是第一步，下一步是明确针对同一语义，在表达力度不同时，应如何选词、用词。

比如，针对河道治污紧迫性问题，我们按照词汇力度从弱到强的顺序列示部分常用词，如图 2.3 所示。

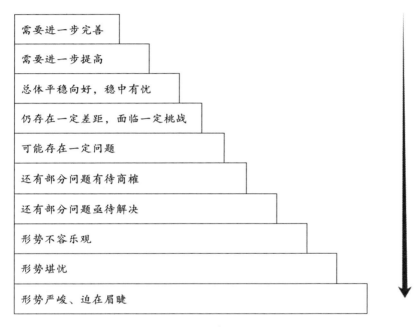

图 2.3　同一语义，表达力度从弱到强

列示同一语义、不同力度的词汇后，我们就可以理解为什么"笔杆子"在跟领导沟通时，通常会问"用几分力气写"了。为了更清晰地呈现差异，我用表格做对比列示，见表 2.4，其中，加粗的部分要特别关注。

表 2.4　使用不同力度的词汇的效果

	中等力度	较大力度
场景	领导说，两县在最近几个重要的招商工作上有合作，需要把前期的工作提一提，关系不要太僵	领导说，三番五次沟通，完全没有效果，没有必要再留情面，需要实事求是地用恰当的词汇把实际情况的严重性呈现出来
修改后	跨域水环境污染协同治理工作**仍存在一定困难**。近年来，我县与××县在生态环境领域的合作机制全面推进，在信息通报、联席会议、协同处置、联合演练等方面进行了**有益探索**。但从日常管理及跨县流域突发水污染事件应对情况看，上下游联防联控工作仍普遍存在协作制度**不完善**、上下游责任**不明确**、技术基础保障**不到位**等问题。如我县××乡位于…… 一、河道污染**成因复杂** 二、修复工作**任重道远**	目前，下游水环境保护面临**严峻形势**和**巨大压力**，跨域河道污染治理工作**迫在眉睫**。近年来，我县与××县跨县域突发水污染事件**多次发生**。如2018年突发××环境污染事件，2021年发生××环境污染事件，**严重威胁**下游村户用水安全，下游生态环境安全保护存在**重大风险**。 一、河道污染**形势严峻** 二、修复工作**迫在眉睫**

　　表 2.4 中，加粗的内容就是对同一事件的紧迫程度、严重程度的不同表达。此外，在工作中，我们还可以通过调整选词、用词力度，委婉地表述工作业绩不佳等情况。

【情境】✏️

小白所在的单位上半年经营业绩持续走低，领导安排小白撰写半年工作回顾，要求既要客观描述现实情况，又要提振员工信心。

小白在年初写报告时使用过"砥砺前行""迎难奋进"等词，在业绩持续走低的情况下，标题应该使用哪些词汇才能同时有领导想要的两种效果呢？

我们使用第 1 章介绍的检索方法，可以检索到如下词汇，见表 2.5。

表 2.5　对语言力度的把握

使用场景	可选词汇
业绩持续走低	逆势求存、克难奋进、承压前行
提振员工信心	凝心聚力、聚力攻坚、共克时艰

【学姐唠叨】

用不同力度的词表达同一语义，在工作沟通中尤其重要，涉及汇报工作问题、请示上级领导、跨部门沟通时，要特别注意用词的分寸。在工作、生活中，我们经常听到他人评价某人说话"很冲、很刚、很直"，都是没有把握好用词的轻重分寸的结果。用对词，沟通就好像增加了润滑剂；用错词，沟通就成了棘手的难题。

第 3 章

选对了词，为什么也写不出好句子

为什么有时学会了深度检索方法，学会了选词、用词，依然写不出好句子？想一想我们的英语学习。在英语学习中，我们一般是先背单词打基础，再听老师讲解各种各样的句型，学习从简单句写到长难句，直到写出没有语法错误的作文。公文写作同样如此，即使我们从小学语文、用语文，也需要特别关注如何使用基础字词，如果基础字词使用不到位，很难得到自己想要的表达效果。

本章详细介绍通过写好字词，成功驾驭句子的方法。

只会写短句，公文写作水平还有救吗

公文写作中有一个常见误区，即很多人认为优质公文是由长难句组成的，执笔人总是试图写很复杂的句式，或者致力于对四处收集的金句进行"移花接木"，拼凑出四不像的文章。

事实上，执笔人刚开始接触公文写作时，完全可以从简单句开始写。回顾我们学习英语的过程，也是先写"它是一个苹果"，再写"它是一个很大的红苹果"。学会使用连接词后，就可以写复合句了，比如定语从句"它是一个很大的红苹果，放在教室里的桌子上"。复合句看起来很高级，但是，即使不使用复杂的复合句结构，依然可以用简单句写出优质文章。

工作中，领导与执笔人第一次"过招"后，基本就能够判断出执笔人的文字水平。如果句子错误百出，领导通常会安排执笔人从篇幅较短的信息稿、通知等文种写起，不会安排难度特别大的、特别重要的稿件。对于千字以内的公文来说，简单句是完全可以满足工作需求的。

【情境】

　　小白在高校工作。近期，学校组织学生参加第六届大美市青年创新创业大赛。比赛分为初赛、复赛和决赛3轮，共征集了286个作品。学校报名参赛的两个项目获得了优秀奖。

　　领导安排小白就此事写一篇通讯稿。

　　仅使用简单句，小白就可以完成任务。

【初稿】

　　6月8日，第六届大美市青年创新创业大赛落下帷幕。大赛分为初赛、复赛和决赛，共征集286个作品。我校"智慧零售产业链"和"家居数字营销"两个项目获得优秀奖。

　　我们可以看到，初稿使用最简单的句子，没有进行任何修饰，对事件进行了呈现。事实上，刚开始学习公文写作时，能写出这样意思完整、没有语法错误的短篇公文，基本就可以过关。

　　那么，什么时候可以尝试慢慢过渡到撰写长句呢？能够轻松地用短句写出没有语法问题、语言逻辑衔接流畅的公文后，就可以尝试穿插一些长句到公文的正文中了，长短错落有致，能提高公文的水平和质量。比如，小白的通讯稿初稿，可以用长句修改如下。

【修改后】

6月8日，第六届大美市青年创新创业大赛落下帷幕。经过初赛、复赛和决赛3轮项目展示和评比，我校"智慧零售产业链"和"家居数字营销"两个项目从286个作品中脱颖而出，获得优秀奖。

一写长句就错误百出，是语感弱还是语法差

如果驾驭长句的能力不足，所写公文极容易有语法错误。语法基础不扎实，追根溯源，是从小学开始的语文学习存在漏洞，比如，把字句、被字句、倒装句分不清，修辞手法掌握不熟，句子改错题看不出错误等。小时候偷懒欠下的东西，终将会在长大后与我们再次相遇。

1 切忌目的状语过长导致主语缺失

【情境】

小白在审计部门工作。最近，小白所在的单位开展了一次培训活动，领导安排小白写一篇关于该培训活动的简报。

小白写的简报中有如下内容。

为切实提升各级审计工作人员的审计业务数据分析系统应用水

平，加快推进业务工作实现规范化、智能化。5 月 8 日，大美市审计局在前期集中培训的基础上，组织业务骨干赴 5 区开展"面对面、点对点专项业务培训"，实现审计工作人员业务能力的全面提升。

"为……"这一形式的目的状语是公文写作中最常用的目的状语之一，很多通知、工作方案、工作简报、通讯稿以"为……"为开头段第一句。如果"为"后面的目的状语过长，且执笔人的语法驾驭能力不足，很容易出现主语缺失的问题。

在小白写的简报中，"为切实提升各级审计工作人员的审计业务数据分析系统应用水平，加快推进业务工作实现规范化、智能化"是没有说完的半句话，不应该使用句号结束。

【学姐唠叨】

大家一定要重视"为……"这一形式的目的状语，工作中，目的状语过长导致主语缺失这一问题，在职场新人，甚至资深执笔人撰写的公文中反复出现。执笔人辛辛苦苦写完一篇公文，如果第一句就是明显的病句，会非常影响阅稿人对执笔人的评价。

2 标题再长也不能出现病句

如果说正文中的病句因为有其他内容"掩护"，有可能"蒙混过关"，标题中的病句就非常显眼了。

【情境】

> 小白使用"加减乘除"结构写了如下一组标题。
>
> 一、以智慧化赋能市场监管，为食品安全做加法
>
> 二、以精准化服务小微企业，审批流程上做减法
>
> 三、以广泛性营造宣传氛围，为安全观念做乘法
>
> 四、以规范化创新培训模式，执法短板上做除法

这组标题看上去整整齐齐的，对工作的各个方面进行了总结概括，但是经不起分析，仔细看就会发现问题。

问题出在哪里呢？我们以第二个标题为例。

如果写成"精准化服务小微企业"，是可以的。

如果写成"以精准化服务助力小微企业"，是可以的。

但是写成"以精准化服务小微企业"，就错了。

我们把"服务"这个动词拿出来分析，可以发现，应该是"A服务 B"。A 的位置应该是名词，显然不能代入"以精细化"。以精准化的什么来服务小微企业呢？小白写的句子没有主语。

【学姐唠叨】

执笔人写完公文进行校对时，要特别留意比低级错误还严重的两种错误。一个是人物要素错误，领导的职务、姓名、排序、任职时间等一定不能出错；另一个是全文三级标题中的语法错误，否则，通览全文时，很容易发现公文中的硬伤。

---

③ 遴选笔试中的常见病句

如果病句出现在日常工作中，有直接领导把关、修正，犯错成本是相对比较低的。如果执笔人将病句写在遴选笔试的答卷上，犯错成本非常高。遴选考试笔试部分的小题通常是阅读材料、总结问题、分析原因，所以经常用到表述原因的句式。

【情境】

　　小白工作所在区近期发生了一起环境污染事件。调查工作结束后，领导安排小白写一个事件调查情况通报。

　　在分析原因的部分，小白写了如下一段话。

【初稿】

　　经查该事故直接原因是某工厂生产车间电磁阀故障导致洗涤循环水外溢并通过厂区雨水管网泄漏至河道导致；间接原因是企业无环保应急预案，无员工安全培训，没有配备安全管理人员所致。区主管部门虽组织专项检查，但不能排除安全隐患。

　　我们可以看到，小白写了一个非常长的句子，句子中有多个逗号、分号，其中，"直接原因是……导致"有非常明显的语法错误。在不擅长写长句的时候，我们可以用短句把这段话的意思表达清楚。我用表格的形式对小白的初稿进行详细分析，见表3.1。

表 3.1　长句语法错误分析

初稿	分析	修改后
经查该事故直接原因是某工厂生产车间电磁阀故障导致洗涤循环水外溢并通过厂区雨水管网泄漏至河道所致	1. "经查"后面需要增加标点符号； 2. 保留"直接原因是……""……所致"中的一个成分即可，如果担心出现语法错误，可以不用类似表达。事件的发生通常是多个原因综合作用导致的，用列举的方式把原因逐项说清楚，也是一个很好的处理方式	经调查，某工厂生产车间电磁阀发生故障，洗涤循环水外溢，通过厂区雨水管网泄漏至河道，造成500米河段污染
间接原因是企业无环保应急预案，无员工安全培训，没有配备安全管理人员所致	1. 保留"间接原因是……""……所致"中的一个成分即可； 2."无环保应急预案，无员工安全培训，没有配备安全管理人员"属于罗列式写法，没有进行提炼和总结概括，读者会有"凌乱一片"的感觉，不符合公文语言表达的规范性要求； 3. "配备安全管理人员"和"（开展）员工安全培训"的先后顺序不对，需要先有人，再开展培训	事件主要由以下原因造成：企业生产安全环保主体责任缺位；未按照规定配备安全管理人员；未开展环保生产培训即安排人员上岗作业
区主管部门虽组织专项检查，但不能排除安全隐患	在事件（故）类通报中，不建议用"虽（虽然）……但（但是）……"的表述强调已经开展的工作，类似表述容易让受众产生责任主体强行解释、推脱责任的误解	属地主管部门未认真履行环保安全监管工作职责，且日常监督检查流于形式

【修改后】

经调查，某工厂生产车间电磁阀发生故障，洗涤循环水外溢，通过厂区雨水管网泄漏至河道，造成 500 米河段污染。事件主要由以下原因造成：企业生产安全环保主体责任缺位；未按照规定配备安全管理人员；未开展环保生产培训即安排人员上岗作业；属地主管部门未认真履行环保安全监管工作职责，且日常监督检查流于形式。

扩句练习，解决长句写作难题

小时候，我们学习写句子时，老师会为我们准备大量的扩句和缩句素材进行练习。进入职场后，绝大多数知识依靠自主学习，建议大家充分借鉴学生时代经过实践检验的成功经验。

【情境】

> 小白有浏览公众号的习惯，看到好的文章就会忍不住收藏起来。今天，小白看到了一篇名为《在不确定中，笃定前行》的文章。

研究情境中的标题，我们可以发现如下所示的两个特点。

①短标题，有很大的发散空间；

②使用反义词（"不确定"和"笃定"），看起来更有冲击力。

看到这里，大家可以停下来想一想，使用"不确定"和"笃

定"这对反义词，可以扩写出哪些段落？我们可以使用第 1 章介绍的检索方法，找到一些固定搭配，见表 3.2。

表 3.2　扩句练习

扩写标的	扩写结果
不确定	不确定时代、不确定性、应对不确定、拥抱不确定、不确定的世界
笃定	内心笃定、笃定前行、笃定的力量、笃定的目标、笃定的人生、笃定的信心、笃定不变

结合工作尝试扩写，举例如下。

扩写实例一：我们要以确定性工作应对不确定性变化，不断提振经济发展与生态改善"双赢"的信心和决心，危中寻机、笃定前行，奋力开创我区高质量发展的崭新局面。

扩写实例二：作为新时代青年干部，我们要以确定的干劲应对不确定的挑战，笃定扎实地做好每一项工作，用行动书写乡村振兴的美好蓝图。

看到好的逻辑结构，执笔人要尝试动笔扩写几个句子，以便牢牢掌握目标句式。日常写作中，大脑会自动从脑内素材中调取需要的内容。

此外，扩句还有一个重要应用，即撰写一级标题。对于工作总结等长篇公文来说，一级标题需要概括的内容、举措和成效特别多，执笔人要能够通过扩句的方式，把短标题拉长，提高公文的质量。

【情境】✎

　　领导安排小白就最近的重点工作写一篇阶段性工作总结，小白撰写的初稿中的一级标题如下所示。

　　一、抓基础，提高规范化水平

　　二、强监督，提高执法质量

　　三、重培训，提高执法效能

　　从形式上看，小白撰写的一级标题是不合格的，因为字数太少，撑不起工作总结。如果一定要使用这几个短句，只能让其作为工作总结中某一个段落内的小层次出现，比如，一是抓基础，提高规范化水平；二是强监督，提高执法质量；三是重培训，提高执法效能。

　　我们以标题一的前半句"抓基础"为例，对其进行逐步拉长，会发现扩充后的句子并没有改变原意，但是句子质量会有明显提升。扩句过程如下所示。

抓基础

夯实基础

抓基础建设

夯实执法基础

加强基础能力建设

夯实硬基础，提升软实力

夯实执法规范化建设根基

我们再以标题二的后半句"提高执法质量"为例，对表述工作目的、成效的句子进行逐步拉长。扩句过程如下所示。

提高执法质量

不断提高执法质效

助推执法质量稳步提升

全面提高执法质量和效能

进一步提高执法质量和效能

多点发力持续提高行政执法质效

全面提高行政执法效能和服务质量

转变监督方式，推动执法质量稳步提高

奋力推动新时代行政执法工作再上新台阶

大家可以对照以上实例，看看自己目前的标题写作水平在哪一层。其他句子，可以尝试使用这种方法逐步拉长。此外，执笔人给自己精修公文时也可以使用这种方法，提高驾驭长句的能力。长短句错落搭配，公文的整体质量会得到大幅提高。

到底什么是干净简洁，什么是冗长繁复

在《从零开始学公文写作》中，我分享了一个自己给自己修改公文的重要技巧，即给句子做减法。每句话逐字过一遍后问自己，××字可不可以删除？如果删除后句子依然通顺，不影响意思表达，果断删除。有了这一步，公文才能逐步达到"多一分则肥，少一分则瘦"的状态。

不过，实践中，很多执笔人依然对这个问题有困惑，因为他们日常看公文时，经常看到如下所示的句子。

"必须意识到位、保障到位。"

"这项工作责任光荣、使命重大。"

"这是加快产业发展、壮大乡村经济、带动农民增收、助推乡村振兴的重要手段。"

"按照《关于做好××市第××次全国经济普查投入产出调查相关工作的通知》要求，成立由××任组长，以18个部门负责同志为成员的领导小组，明确了各相关部门的职责分工，对我市第 × × 次经济普查和投入产出调查工作进行了全面部署安排。"

为什么领导一边要求句子要干净、简洁一些，一边写出这样看起来有重复语义的句子？写完公文初稿后，作为执笔人，到底要不要自己做一些删除和简化处理呢？

我们说句子要干净、简洁，是指把两个句中点号之间的短句拎出来后，语法正确、用词规范，达到删除一个字，语句就会不通顺的状态。注意，这里是指两个句中点号之间，不是指两个句末点号之间。"两个句中点号之间"，意味着自己给自己改公文时，要以"半句"为单位。

那么，为什么有的执笔人会感觉例句中的上半句和下半句差不多呢？这是因为对一项工作开展的逻辑层次理解不深。以上 4 个例句依次代表了 4 种情况。

1 "看上去"语义重复，其实有层次划分

我们看第一个例句："必须意识到位、保障到位。"

这句话中有两个"到位"，看起来是重复表达，但是，"意识"是思想层面上的，"保障"是软硬件层面上的，从语义上来

讲，并不存在重复的问题。可替换的类似表达还有以下两种。

"必须高度重视、保障到位。"

"必须思想到位、保障到位。"

如果实在感觉语句重复、别扭，可以尝试调整个别词语，让层次更加清晰、句子更加通顺。

② 多个短句属于固定搭配

我们看第二个例句："这项工作责任光荣、使命重大。"

例句中，两个短语连在一起使用，本身是固定搭配，且"责任"和"使命"并不是同义词。类似固定搭配的表达还经常出现在致辞或慰问的开头段，举例如下。

向出席本次活动的领导、嘉宾表示**热烈的欢迎**！向辛勤耕耘在教育战线上的广大教师、教育工作者和离退休教职员工致以**诚挚的问候和崇高的敬意**！向守护全市学生健康成长和全面发展的教育工作者、社区工作者表示**衷心的感谢**！

部分职场新人报到后参与撰写的第一篇公文是 9 月份教师节的慰问信或者慰问活动致辞，这类固定搭配的使用必须尽快掌握。

③ 短句之间是由小及大、互为因果的逻辑关系

我们看第三个例句："这是加快产业发展、壮大乡村经济、带动农民增收、助推乡村振兴的重要手段。"

发展特色产业是壮大乡村经济的必由之路，壮大乡村经济必然带来农民增收的发展成果，并最终实现乡村振兴的愿景。如果理解这几层意思存在难度，可以尝试使用减法原则进行删减处理，大家会发现，无论删除哪一层意思，逻辑关系都会变得不是那么平滑、自然。

④ 短句之间是由上到下、按时间推演的关系

我们看第四个例句："按照《关于做好 ×× 市第 ×× 次全国经济普查投入产出调查相关工作的通知》要求，成立由 ×× 任组长，以 18 个部门负责同志为成员的领导小组，明确了各相关部门的职责分工，对我市第 ×× 次经济普查和投入产出调查工作进行了全面部署安排。"

很多执笔人有困惑，我们只是开了一个会，怎么能写出这么多内容呢？

如何表述会议内容，取决于写的是什么公文。如果是撰写工作总结，那么会议的组织、推动情况只需要一笔带过，因为到了年底，需要侧重对工作成果进行描述。但是如果是在目标工作启动之初，需要对落实情况做一个汇报，就要按照时间顺序，把部署的具体步骤写清楚，这样才翔实、有力。

【学姐唠叨】

执笔人要养成把本单位收到的上级文件作为学习富矿进行研究的习惯，看到通知、实施方案的第一段，即"为进一步……"等内容，要研究上级部门的执笔人是如何从上到下将工作一点点落实的；看到讲话稿、工作总结中对某项工作的意义的概括，要研究对方是如何从微观延伸到宏观、从直接意义延伸到根本意义的。

有时候，执笔人在写句子时就能感觉到成分有重复，但是很想把意思表达清楚，总是苦恼于不知道应该怎样删繁就简。

接下来，我们就讲讲如何处理句子中的重复成分。

【初稿】

根据网络安全专项排查整治行动的部署要求，大美镇按照网络安全排查整治7个方面的重点，自5月起组织开展排查整治专项活动。

因为"根据"后面的成分比较长，所以修改的时候要尽力拉长"大美镇……"这半句话，否则就会给受众头重脚轻的感觉。修改后，整个句子要有错落有致的节奏感。

【修改后】

根据网络安全专项排查整治行动的部署要求，5月以来，大美镇围绕7个方面的重点工作，全面组织开展排查整治专项活动。

"布署"是日常公文写作中常见的错字，正确的为"部署"，执笔人要特别注意。

如何把领导的口语表达转化为公文语言

无论是撰写讲话稿还是撰写会议纪要，都有一个必经环节，就是把领导的口语表达转化为公文语言。这个转化的关键变量是什么呢？是对领导意思的理解和对公文语言的调取，两者一个都不能少。目前，很多执笔人的现实困境是"理解不到位，调取不出来"。日常工作中，执笔人拿到高质量的公文后，阅读时要养成两个好习惯，一是用铅笔标注重点，锻炼自己迅速抓住工作重点的能力；二是用荧光笔标注阅读之前不熟悉、不会使用的公文语言，丰富自己的素材库。仅养成这两个习惯还不够，更为关键的是下一步——争取在 3 天内，在工作中尝试使用新学的表达方法，这样才能加深理解、自如运用。

【情境】

　　小白参加了一个部门会议。会上，领导强调："这个工作，两个部门一起做。如果不是我们的责任，我们要说清楚；需要我们做的工作，我们一定要配合好。"会后，小白负责把会议内容整理成会议纪要。整理时，小白感到困惑：领导强调的这两句话，怎么转化为公文语言呢？思考片刻后，他写了这样一句话：各部门要分工明确、密切配合。

总体来讲，小白基本表达出了领导的意思。但是，想一想，有没有更为精准的表达呢？领导想表达的意思很清楚，通俗地说，是"谁的孩子谁管"，用公文语言说，是"厘清责任"，或者"厘清责任边界"。

那么，用最简洁的公文语言表达领导的意思，是"厘清责任边界，强化协同配合"。

如果你和小白的写法相同，那么，"厘清"这个词就是你需要储备的词汇。事实上，在公文写作实践中，这个词因为足够规范、准确，经常出现在公文的一级标题中。

【情境】

最近，小白所在的单位开展某项目建设，需要多部门协同推进。例会上，领导说："现场管理人员不要随意许诺发放福利的时间，对外解释时，必须以财务流程上的时间为准。"小白负责撰写会议纪要。

　　小白应该如何将情境中领导说的话转化为公文语言呢？我们来分析一下，领导主要说了两件事，列示如下。

　　①强调员工发放福利的基准日以财务流程上的时间为准。

　　②强调现场管理人员对外宣导的口径问题。

　　如果领导强调的这一事项是整个例会中的重点工作，那么，可以用更多的笔墨来记录。但是，根据工作经验，情境中领导这句话可能只是强调项目建设这个"大事"时顺带提起的一个细节，如果是我来执笔，最多给它半句话的篇幅，比如"统一福利发放宣导口径，明确以财务审批时间为准"。

【情境】✐

　　小白参加了一个道路建设推进会，会上，领导说："东风路年久失修。这条路经过了两个区，新北区和秀南区，常年来回拉扯。今天咱们就把这个事定下来，由秀南区在6月底完成主路建设，由新北区在劳动节前完成辅路建设。"小白负责撰写会议纪要。

　　情境中领导的这几句话如何转化为会议纪要所用的公文语言呢？小白写了4个版本的初稿。为了呈现语言转化过程中的常见错误，我以表格形式逐个列示并分析，见表3.3。

表 3.3　将领导的口语表达转化为公文语言的常见情况

初稿	分析
为加快修缮东风路，尽早恢复通车，会议讨论了涉及该路段的新北区和秀南区的任务分工，决定由新北区于 2023 年 5 月 1 日前完成东风路辅路建设，由秀南区于 2023 年 7 月 1 日前完成东风路主路建设	第一句以"为……"开头，多见于通讯稿、工作简报，以及工作方案。通读下来，容易有文种杂糅的感觉
当前，连接着新北区与秀南区两区的东风路年久失修，经两地多轮磋商会谈，现明确分工如下：新北区负责辅路建设，秀南区负责主路建设。以上工作完成期限为 2023 年 6 月 30 日，其中辅路建设工作完成期限为 2023 年 4 月 30 日	"现明确分工如下"更像是讲话稿、通知、实施方案的语言。初稿在转化文字语言的过程中，把文种转换了，造成了多个文种的杂糅
会议指出，东风路贯穿新北区和秀南区，是我市城区主要路段，发挥着重要的疏运作用。会议强调，东风路路面老化严重、亟待修葺，新北区和秀南区要切实肩负起道路修建责任，确保不因路段失修影响我市民生。会议决定，新北区负责于 2023 年 5 月 1 日前完成辅路建设，秀南区负责于 2023 年 7 月 1 日前完成主路建设	转化后，语言风格符合会议纪要的文字特点。但是，需要考虑一下，这个议题可能只是会议中的一个小议题，用这样的篇幅来表述是否合适

初稿	分析
为加快基础设施建设，推动东风路修缮工作，提升居民出行幸福指数。会议一致决定，2023 年 5 月 1 日前，由新北区负责完成辅路建设工作；2023 年 7 月 1 日前，由秀南区负责完成主路建设工作	在语言转化的过程中要注意一点，不要旧的问题没解决，又增加了新的问题。该初稿中有常见的语法错误，"为……"作为目的状语，没有写完就使用了句号结束。这是长难句驾驭能力不足导致的语法错误

会议讨论的内容太多时，执笔人写会议纪要需要抓住重点、分清主次。根据工作经验，我认为，针对领导在会上提及的这件事，用一句话的篇幅记录就够了。

【修改后】

会议就东风路段维护修缮的责任分工、施工周期进行了研议，明确新北区负责辅路建设、秀南区负责主路建设，要求分别于 2023 年 5 月 1 日、7 月 1 日前完工。

将修改后的版本和初稿进行对比，大家能看出哪些差异呢？以下两点经验最为重要。

①使用"就……"的方式表达。该表达后面可以带很多事项，比如"责任分工""施工周期"，甚至可以继续增加讨论事项。

②使用"分别于……"的方式表达。使用该表达可以把涉及多个主体的责任分工用一句话说清楚。

通过上述案例分析，我们可以发现，对领导的口语表达进行转化，不仅仅是背诵一些表达方式就够了，要厘清领导到底在说什么、在强调什么，才能够精准转化对方想表达的意思。

【学姐唠叨】

很多执笔人说自己的情商低，经常听不懂领导的话。在我的理解中，所谓"听话听音"，就是根据对方的性格特征、行事风格，针对具体情况，结合对方的目的进行综合分析。如果自己的思考能力不足，可以多看一些经典影视剧的解读视频，或经典著作的解读版本，时间长了，可能会有恍然大悟的感觉。

否定句式，一个要谨慎使用的句式

在工作实践中，很多执笔人有一个不好的习惯，即过度使用否定句及双重否定句。句子的使用，有时和一个人的性格特点、语言表达习惯，甚至人际交往方式高度相关，比如，常被形容为"比较直"的执笔人用文字呈现内心想法时，通常下笔力度较大。需要委婉的地方语气过重，需要正面表达的地方使用否定句式，就会出现以下 3 个方面的问题。

① 不符合场景氛围的需求

【情境】

　　小白在高校工作。临近暑期，为了给学生提供更多的实习机会，学校和当地重点企业建立了暑期实践战略合作机制。领导安排小白撰写一篇用在合作启动仪式上的讲话稿。

小白撰写的讲话稿中有如下一段话。

【反面实例】

温室里养不出万年松，庭院里跑不出千里马。希望大家努力发挥专业特长，把这次实习作为对理论知识的现实检验，在社会课堂中受教育、长才干、做贡献，将个人成长融入时代使命，感知社会、服务家乡，学有所得、学有所获！

看到第一句话，我有以下 3 个瞬时的感觉。

①这是一个否定句。在这样一个校企共建的场合，氛围应该是轻松、愉快的，用否定句是否合适？

②既然是否定句，一定有否定对象。校企合作中，"否定"谁合适呢？

③这句话的意思是什么？出现在该讲话稿中是否恰当呢？

带着这 3 个问题进行检索，我们可以发现，"温室里养不出万年松，庭院里跑不出千里马"比喻狭小的空间、安逸的环境培养不出优秀的人才。这句话用在校企合作这样的场景中，显然是不合适的。在育人这项工作上，学校和企业承担着不同的角色，发挥着不同的作用，一个是"知"，一个是"行"。暑期实习的本

质是知行合一，否定哪一方，在这个场景中都是不合时宜的。

这句话用在什么场景中比较合适呢？如果这是一个选调生即将奔赴基层、开始驻村工作的动员大会，我们可以说如下所示的话。

【正面实例】

温室里养不出万年松，庭院里跑不出千里马。基层是服务群众的前沿阵地，是选调生了解村情民意、做好国情调研的社会课堂，也是青年人磨炼意志品质、展示能力才干的竞技赛场。青年干部要主动深入基层、扎根艰苦岗位，在实践中探求真知，在实干中增长本领。

2 产生反向强调的效果

不恰当地使用否定句式还会造成一种结果，即"喧宾夺主"，让受众忽略正面的工作成果，重点关注被否定的一面。

【情境】

根据上级单位的要求，小白所在的单位开始进行机构改革和人员调整。领导要求各部门立足大局、做好统筹，不要因为机构改革和人员调整拖延产权登记工作的进度，对工作成效造成不良影响。基于此，主任安排小白写一篇机构改革推动情况的汇报稿。

对领导的要求进行概括时，小白的初稿如下。

【初稿】

避免出现因机构改革和人员调整影响产权登记工作的事件。

主任看后说："不好。这么写反而会让人生疑，质疑我们到底有没有耽误正常的业务办理。事实上，各业务窗口是保持平稳工作的。"

小白开始发愁，那应该怎么写才能把工作情况说清楚，正确表达领导的意思呢？

小白的问题在于僵化地使用了领导的语言。领导口头表达时使用了否定句式，执笔人需要根据汇报稿的撰写目的、场景需求和领导的原意，选择是保留强烈的否定句式，还是调整为肯定句式。

在上述情境中，撰写汇报稿的目的是汇报机构改革的阶段性工作情况，那么，根据实际情况，用情绪平稳的结论性语言表达即可。

【修改后】

平稳推进机构改革和人员调整工作，确保产权登记高效有序运行。

③ 引发猜测和误解

在一些关于个人事项的场景中，不恰当地使用否定句，有可能引起他人的猜测，造成不必要的误解。

【情境】

小白所在的公司要通过公开竞选的方式提拔一批年轻人到管理岗位，报名环节有一个要求是"本部门领导批准"。为了征得领导的同意和支持，小白写了一个个人情况汇报，节选部分内容如下。

我这次参加管理岗位竞选，不是一腔热血的冲动决定，不是出于丰满履历的功利目的，而是深思熟虑后的慎重选择，现将个人相关情况汇报如下……

大家看出问题了吗？年轻人参加管理岗位的竞选是职场中非常正常的事，用连续否定的形式刻意强调"不是……"等负面心态，反而可能引发猜测和误解，即俗话说的"越描越黑"。

正常的事，正常办就可以，自己的心态真的平稳，就不需要向他人解释。

【学姐唠叨】

在上述案例中，小白反复强调自己参加竞选的心态，也许是因为过于担心处理不好与现任领导的关系。比如，部门人手本来就少，自己参加竞选，领导会不会有意见？如果竞选失败，领导会不会认为自己好高骛远？……这些问题，其实小白可以当面和领导沟通。无论出于什么考虑，撰写情况汇报时，都要尽量使用肯定句式，大大方方地呈现自己的个人基本情况和工作情况。

为什么很多句子容易被写成"废话文学"

工作中，很多执笔人常常听到领导给出如下评价。

"这篇公文写得有点虚啊！"

"要结合咱们自己的工作讲一讲。"

"写得不是很接地气，把车轱辘话删一删。"

得到以上评价，有一种可能是没有处理好公文内容的"虚实结合"，可以参考《从零开始学公文写作》一书中对于虚、实内容写作方法的讲解，进行练习和提高；还有一种可能是写成了"废话文学"，需要高度警觉。

"废话文学"是网络流行语，用来形容看似说了很多，但没有任何有用信息的语言。公文写作中的"废话文学"，即假、大、空的话，没有实际意义，也没有指导工作的作用。公文写作中的"废话文学"主要有以下 6 种表现形式。

① 放之四海而皆准

举例如下。

面对问题，我们需要拿出新水平，达到新境界，通过新举措、新发展，形成新突破。为此，我们必须要找准出发点、切入点、落脚点，注意着眼点、结合点、关联点，重视着重点、着力点、关键点，这些是做事情的支撑点。

 ② 原因和结果无差别

举例如下。

①由于大美镇驰而不息地狠抓落实，各项工作都得到了有力落实。

②作风建设对工作意义重大。通过参加本次培训，我深深地感受到了作风建设的重要意义。

③我们要学习先进省份的优秀做法，那些经验非常值得我们学习。

 ③ 正着说了反着说

举例如下。

①如果没有解决问题的勇气，就无法解决问题。

②这项工作做完之前，我们要一直坚持做，否则就是无疾而终。

 4 用花式排比重复说

举例如下。

要抓落实、重落实、促落实，列出时间表、画出路线图，有计划、有步骤、有条理、有节奏地扎实推进，一环环盯紧、一步步落实、一项项完成。

5 围绕关键词，换句式不换内容地说

举例如下。

①我认为，关键问题就是每个人不得不面对的问题。那么，在面对这种问题时，关键问题到底应该如何成为问题的关键？

②抓住了问题的关键，就是把握住了问题的关键。

6 若盖住标题，不知道写的是什么

举个例子，某执笔人想结合某市餐饮依靠足斤足两的诚信、热情周到的服务在互联网火速出圈的启示，从组织工作的角度出发写一篇公文，拼凑出了以下段落。

年轻干部要充分发挥主观能动性，不等不靠、咬定目标不放松、风雨无阻、乘势而上，准确判断发展趋势，主动把握发展机遇，迎难而上、破难而进。

为什么公文写作中会出现这样的句子呢？用"废话文学"的撰写逻辑来回答，大概是这样的："如果会写实实在在的内容，谁愿意写假、大、空的内容呢？"

从本质上讲，句子之所以写得假、大、空，是因为执笔人对自己要写的工作理解得不透彻。如果说前 5 种表现形式的句子尚且可以通过修改、加工、润色勉强挽救，第 6 种表现形式的句子，修改起来有很大的难度。

我们尝试分析一下，在例子的背景材料中，最令人感动的是什么？是全民守护城市荣誉、为家乡经济发展助力的参与感和责任感。

执笔人接触的事件有限，但是需要分析的内容涉及方方面面。面对自己不擅长、不专业的领域，执笔人可以通过充分占有资料，发散出更多观点，增加对目标事件的了解。

通过简单检索，执笔人可以很轻松地发现，出圈城市有很多值得推广、学习的举措，比如，对一次性塑料餐具的流通点进行抽检，确保一次性塑料餐具的卫生合格；创建"党建引领、一网三联、全员共治"基层治理模式；联合开展文明旅游志愿服务活动；组建出租车雷锋车队；在公司设立党员先锋示范岗等。

从这些角度切入，结合自己所任职单位的实际工作，可以找到很多值得借鉴、思考的方向。有话可写，才能从根本上解决用假、大、空的话来凑字数的问题。

从组织工作的角度切入，我们可以总结出如下几个观点。

思想引领方面：弘扬本土传统文化，增强群众对本土文化的认同，提升人人助力家乡发展、人人为家乡代言的责任感和使命感。

基层党建方面：借鉴基层党建工作先进模式，凝聚乡村振兴磅礴力量。

干部队伍方面：面对机遇，要有集体出战的积极作为，要不断增强互联网思维能力，借力互联网助推县域经济发展。

【学姐唠叨】

增加对工作的理解深度，有一个高效方法——学会"听会"。听会时，除了做好记录，还可以尝试实践"下棋思维"。下棋时，我们经常走一步看三步，想象自己落子后，对方最有可能如何行动。听会也是如此，领导说"接下来提 3 点意见"时，自己可以抢先一步思考会是哪 3 点意见。等领导说完，对一下"答案"，内容差异就是自己的工作思路要努力完善的空间。这个过程能帮助执笔人不断贴合领导的思路，写出更符合要求的公文。

第 4 章

谋篇布局，宏观结构
如何影响公文全局

谋篇布局，通常指搭建、优化文章的框架结构，更通俗地说，是设计文章的 3 个主要层级的标题。大多数执笔人明白谋篇布局的重要性，很多执笔人会为此收集大量的公文框架，写哪类公文，就把哪类内容填进去。这个方法在应对常规公文时的确很高效，可以保证公文的外观形式和写作方向没有大的偏差，但是因为框架是"移花接木"过来的，很可能在匹配性和微观细节的处理方面有大大小小的问题。

　　本章详细介绍公文写作宏观结构中常见的错误和容易被忽略的重点、难点问题。

公文写作要有全局观，基调准，方向才对

　　工作中，执笔人最害怕面对的场景是什么？很可能是辛苦写好的公文交上去后被领导批成了花。若看到正文部分被画了一个大大的圈，则情况更严重，基本意味着公文需要推倒重写。

　　明明是按照领导的要求写的公文，为什么会出现严重问题，以至于领导看一眼就判定不合格呢？

　　这是在公文写作培训中，学生问的最多的问题之一。我仔细思考过这个问题，甚至努力回忆了自己刚参加工作时的场景。我有过写好公文后被要求推倒重写的经历吗？我是做对了哪个环节解决了这个问题的呢？什么才是一篇公文通过审核的关键变量？

　　我想起小时候母亲对我的评价，说我是一个非常"懒"的人。小时候，因为"懒"，所以总想着怎么样才能快速把作业写完；长大后，因为"懒"，不想多次备考，所以总是会极其努力，争取考试一次通关；工作后，因为"懒"，想少加班，不想重新写

公文，所以拿到一项工作后，我会趴在桌子上"发愁"很久：
"为什么要写这个呢？上周才写过，为什么又要写？领导想说点什么呢？"

通过回忆，我意识到，这个"发愁"的过程，恰恰是公文写作宏观思考逻辑的建立过程，也就是公文写作全局观的建立过程。

"为什么要写这个呢？"是在思考这项工作的"前世今生"。了解清楚背景，才能找准站位、方向。

"上周才写过，为什么又要写？"是在思考同一项工作不同阶段的差异性和侧重点。

"领导想说点什么呢？"是在努力贴合领导的思路、想法，把领导想说的话用文字形式呈现出来。

为了更清晰地展示执笔人和审稿人在思考路径上的差异，我做了一张图，如图 4.1 所示。

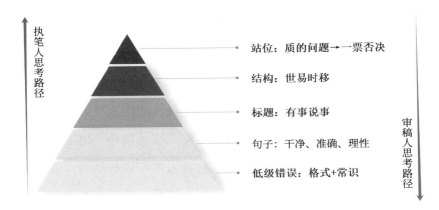

图 4.1　执笔人和审稿人思考路径相反

执笔人写公文的时候，思考路径大多如图 4.1 中左侧的箭头所示，即从下往上走，心理过程可总结为"来大活儿了，赶紧找点素材贴上去！对了，别忘了设置一下格式，看一看基本内容，找一些好看的标题。总共 4 个标题，只凑出来了 3 个，还有一个不会写怎么办？算了算了，看一下结构吧，还有站位，哎呀，忘记了站位是什么，拼凑一稿再说吧……"。

为什么有的执笔人的稿子交上去没多久就会被退回来呢？因为领导作为审稿人，思考路径与执笔人恰好相反，如图 4.1 中右侧的箭头所示。领导的思考过程可总结为"翻两下，看看站位有没有问题（如果站高了、站低了或者站错了，一票否决，直接退稿）；浏览一遍，看看整体的结构框架是否符合当前的时间阶段和工作背景；站位和结构没问题的话，看一看标题是否言之有

物，是否过于简单或者过于花哨；都没有问题，先把手头更要紧的工作忙完，再抽时间看一看句子和细节"。

在《从零开始学公文写作》中，我分享了几个提高采稿率的方法，其中一个方法是从需求端出发确定稿件的选题，即要知道上级部门最近关注的重点工作是什么、需要哪类稿件。如果手里有什么稿件就投什么稿件，本质是以自我为中心进行供稿，中稿率注定不会太高。同理，建立公文写作全局观，是要努力让自己撰稿时的思考路径和领导审稿时的思考路径一致，即"从上向下"思考，先保证大的方向无误，再琢磨细节，这样，被要求推翻重写的概率会小很多。

公文和人一样，也有"生命周期"

　　我请教过很多领导和资深"笔杆子"，到底什么方法才是学习公文写作的最好方法？很多人的答案是，对于公文写作能力的培养来说，本单位、本部门"师父带徒弟"的模式效果最好。这个"师父"不是同事，而是直接领导。因为同事有时会碍于情面，不直接指出问题。但是，使用这个方法有一个重要前提，即执笔人幸运地在工作中遇到一位水平高、能说明白、有时间给予指导的直接领导。

　　如果没有这样的机缘和条件，执笔人就要依靠自己的力量去摸索，以至于多年后才明白很多公文写作的基础原理。在公文写作培训中，我曾发现很多工作了五六年的执笔人，依然不清楚一篇公文从无到有的发展阶段。

　　如果无法从时间维度入手明确公文从无到有的发展全貌，就很难在谋篇布局时确定公文的结构，也很难知晓应该从何处入手选取各个部分所需要的内容。

【情境】 🖉

　　小白所在的乡镇准备整合分散在各村的山楂产业资源，打造"山楂映红"党建品牌，将基层党建融入山楂产业、经济发展和乡村振兴，实现党建与经济社会发展的融合互促。

　　一个想法从产生到落地，再到呈现在纸面上，会经历哪些阶段，各个阶段的作用是什么？我们以情境中的工作为例进行整理、展示，见表4.1。

表 4.1　公文的发展阶段

序号	稿件类型	阶段概述
1	工作方案	在工作方案的第一部分，通常有对开展这项工作的重要意义的精准表述，这段内容可作为后续写总结类公文时提纲挈领的语言素材
2	通知	通知的第一句"为……"是对工作方案中的"意义"段落的提炼
3	信息稿	一项工作，落实端第一个完善的公文就是信息稿，即内部网站的"基层动态"。信息稿具有"短、平、快"的特点，是时效性最强的公文。在活动刚刚启动的阶段，没有太多素材积累时，可以用信息稿进行早期宣传
4	工作简报	工作开展一段时间后，形成了初步成果，也有了具体举措、基础数据的积累，可通过工作简报的形式报送上一级单位，展示工作成效，争取更大的支持

续表

序号	稿件类型	阶段概述
5	宣传稿件	宣传稿件即撰写后向各平台投稿的政务号文章、视频脚本。这类文章，通常是选取工作中的某一个或者几个亮点进行深度挖掘和细致分析的文章
6	汇报稿	工作取得了很好的反响，上级会安排负责人对工作进行专题汇报。因为有了前期素材积累，汇报稿更侧重于提炼经验、明确目前存在的困难、说明需要的扶持及下一步工作计划
7	典型经验	上级部门通知各单位申报典型案例时，按照字数要求撰写典型案例申报材料
8	座谈发言稿	若工作取得了很大的成果，需要在经验交流会（座谈会）上做典型发言
9	宣讲稿、演讲稿	选取工作开展以来的情况变化和感人事迹，组织宣讲或演讲活动
10	启动仪式讲话稿、主持词	上级部门拟全面推广该工作的经验做法，甚至作为品牌标杆筹备推广启动仪式时撰写的稿件，目的是推动各地区借鉴经验、因地制宜，推出更多实用的方法、举措
11	先进事迹	挖掘工作中涌现的先进典型和感人事迹，推树先进集体和先进个人
12	工作总结	将成效较大的工作作为全年工作总结的重点内容进行呈现
13	述职报告	在工作总结的基础上，负责人结合各自在工作中承担的角色、发挥的作用进行述职

续表

序号	稿件类型	阶段概述
14	工作思路、工作计划、工作要点	复盘工作推进过程中没有做深、做细的环节，在下一步工作中继续完善并引入纵深
15	文艺活动稿件	在年底的文艺活动中，以话剧、诗歌、歌曲、情景剧、快板等艺术形式对工作内容进行呈现，此外，还可以在线上以视频的形式对工作内容进行呈现

工作中，参与一项工作推进的全程，对执笔人的成长有极大的助力，因为执笔人能够借机深度理解一个主题框架下所有公文的表现形式，对撰写不同公文的原因及背景有直观印象，对文种、风格的切换有深刻体悟。这种从时间维度入手建立全局观的过程，能够为准确地谋篇布局夯实基础。

【学姐唠叨】

如果执笔人已经走上管理岗位，熟悉表 4.1 还有一层重要意义，即为如何开展一项工作提供重要思路。脑海中有这样一个框架，推动工作时才更加有条不紊，知道什么时候要做什么事，而不是"东一榔头，西一棒槌"，让执行岗位的工作人员无所适从。

公文写作的逻辑思维能力，怎样"从无到有"

工作中，我发现"如何提高公文写作的逻辑思维能力"是执笔人提问最多、最难以解决的问题。比如，面对一篇公文，不知道应该分几个层次写，即使领导给了提纲，也不知道每个部分应该怎么写。从本质上讲，我认为这里面存在两个问题，一是独立思考能力不足；二是没有建立系统思维。换言之，是执笔人看待一件事时没有自己的想法，或者有一点点想法，但这些想法都是没有逻辑、章法的碎片化想法。

【情境】

小白是选调生，准备参加单位的征文活动。经过思考，小白准备结合自己在基层工作的体会，写一篇名为《以基层之"痛"练就成长之"畅"》的征文，征文包括以下 3 个部分。

其一，承担苦之"痛"，如何让成长更顺畅；

其二，承担重之"痛"，如何让事业更顺畅；

其三，承担难之"痛"，如何让奋斗更顺畅。

看到小白拟的题目和框架，我的第一感受如下。

①标题存在语法错误，读起来非常别扭。

②框架突出了基层工作的"苦、重、难、痛"，文中可能会有情绪化表达，对基层实践的意义理解得不够全面。

③基层的"痛"和成长的"畅"之间的逻辑关系不准确。马克思主义哲学告诉我们，事物变化发展是波浪式前进、螺旋式上升的过程，是前进性与曲折性的统一。也就是说，有时候，艰苦的环境是对意志品质的磨砺，能为成长和改变提供驱动力。成长不可能是一帆风顺的，成长之"畅"是站不住脚的。

④基层工作和成长的逻辑关系有误。小白的框架容易让读者认为在基层工作会让人感到"痛"，进而助力成长，这样的思考格局太小。事实上，基层是"沃土"，为"新苗"提供养分；基层是"舞台"，为才华施展提供广阔天地；基层是"熔炉"，帮助年轻人淬炼过硬的本领。

如果小白按照自己构建的框架写这篇征文，大概率是无法获奖的。问题在于对工作的理解不深且逻辑思考能力不足，框架立不住。在《从零开始学公文写作》一书的"纵向结构"相关章节中，我分享过一些思考问题的逻辑方法，比如时间逻辑、空间逻辑、原因逻辑、辐射逻辑。方法是有效的，但是如果执笔人的逻辑基础不够扎实，只要场景一变、主题一变，马上就不会思考了。

在撰写这本书前，我访谈了 5 位非常优秀的年轻人，他们年纪小、思路清晰、思维活跃，而且对事物有独立的思考。我试图通过了解这些逻辑思维能力特别优秀的执笔人，提炼出实操性更强的方法，把"难以用语言描述的感觉"落在纸面上。

访谈中，我发现几位年轻人都有大量的工作实践经历，在学生时代，也普遍有大量考试和实习的经历。这个"实践"和"实习"的经历，不是每天按部就班地上下班的经历，而是结合对书本、学习和工作的思考，主动尝试去"做事"的经历。他们有的在基层工作期间发挥自己的专业特长，制作视频，带动农产品宣传；有的组建乡村少儿合唱团，联系自己的老师、同学，给乡村孩子搭建空中课堂；有的协调各部门争取资金，实地踏勘设计方案，为村里修建公路……

由此，我发现，实践才是逻辑思维萌芽的沃土。很多人是在做事的过程中、在主动解决问题的过程中加深对工作的理解的。

通过访谈，我还发现，几位年轻人无一例外地非常喜欢哲学这门学科，他们会真正地主动钻研公文中经常引用的著作的原文。

在工作和生活中，我也深深受益于哲学。哲学是研究一般规律的科学，我们需要通过哲学寻找万事万物的共性，在共性中提炼规律。工作久了就会发现，辩证法始终贯穿撰写公文的过程。领导讲话中对目标工作必要性和可行性的分析，汇总稿件中对内容的取舍，撰稿时每部分内容从几个角度去讲……底层逻辑都依赖哲学基础的支撑。面对万事万物，若掌握不了底层逻辑，每接触一个事物都要从零开始，因为你发现不了知识之间的连接点，就无法对知识进行迁移。

可以说，哲学是把实践抽象到纸面上的通道。

读到这里，相信很多读者会提问："能不能推荐一些有关哲学或者逻辑训练的书？"这就陷入了一个新的思维误区。从小，我们就很喜欢问一个问题："您能给我推荐几本书吗？"见到来学校做讲座的名人，或者自己特别尊敬的领导、前辈时，这个问题都不会缺席。问了几十年，书买了不少，但是能力依然没有长进，这是为什么呢？

道理特别简单，和为什么读了那么多减肥书、关注了那么多减肥博主，自己依然没有理想的身材是一样的。逻辑不是背出来的，而是在实践中思考出来的。什么是思考？用最简单的话说，思考就是"琢磨"。

比如，被领导批评的时候，要琢磨一下为什么自己会挨骂；稿子被推翻，需要重写的时候，要琢磨一下为什么会被退稿；兄弟单位长期采稿排名第一的时候，要琢磨一下对方的投稿思路是什么；同事发言让人感觉非常舒适、领导频频点头的时候，要想一想为什么他说得那么好……琢磨如何面对工作中的困难，而不是为了逃避职场困难去考各种与职业发展不相关的证书，陷入"考证困境"。

总之，逻辑的建立需要日日思考、需要主动"使用"大脑。

逻辑思维能力强的人，无一不是实践、理论和思考的结合体。正所谓"人教人不会，事教人一遍就会"，不结合对实践的思考，很难真正掌握书中的知识，别人推荐的再好的书，也难以摆脱在书架上落灰的命运。就像《华杉讲孙子兵法》一书写的那样，学习是一种行动反射，不是为了晓得些"知识"，要切己体察、代入自己，要事上琢磨、落实行动，这就是知行合一，否则，读书也是一种玩物丧志。

思考的内容多了，思考的难度就会加大，也就是说，如果不写一写，很容易梳理不清。这个时候，我们可以尝试做思维导图。做思维导图是固化思维的过程，当思维足够扎实、清晰时，便不再需要依赖工具。理想的情况是，面对一份文件，思路会自然涌现。

如果你发现，做了思维导图，思考时依然存在堵点，说明你在知识结构上存在盲区。这时候，建议你先去向高手请教具体的问题，而不是宏观的问题，再检索对应的书籍来看。经过思考后读的书才能够真正被消化、理解，以前觉得枯燥的东西，此时很可能会让你感到醍醐灌顶。

在我开始写公文的年代，智能手机还没有普及，没有交流工作的微信群，更没有人工智能。正是因为可依赖的东西太少，所以只能靠自己"琢磨"出一条写作的路。现在，工具多了，信息资讯丰富了，若你每逢困难必张口问"这个怎么写"，答案很可能会走到离你更远的地方。

"天下没有白吃的苦"，这句话对吗？不尽然。站在原地重复吃相同的苦、没有思考的苦，没有任何意义。

走不出自己的观念，哪里都是困境。

公文写作，是先搭框架再填内容，还是从头写到尾

工作中，很多执笔人经常感到困惑："写公文时，是应该先搭框架再填内容，还是应该按照先后顺序从头写到尾？"针对这个问题，我结合自己的经验谈以下几点体会。

 ## ① 写常规公文，先搭框架再填内容

无论是单位领导、"笔杆子"的经验分享，还是公文写作技巧类的书籍、文章，"先搭框架再填内容"是最常见的建议。先确定结构再填充内容的好处是后期不至于有"伤筋动骨"的大修大改。实际工作中，在写长篇公文，比如工作总结、工作报告等，或者常规的工作简报时，使用这种方法的效率很高，如果领导的思路清晰，还会专门和你沟通目标公文分几块内容写，甚至帮你定好各部分内容的小标题，也就是我们常说的"提纲"。

撰写调研文章等篇幅更长的公文时，可以使用以下两种方法帮

助自己厘清搭框架的思路。

方法一：使用 Word 或者 WPS 自带的工具。

以 Word 为例，选中文档中需要作为标题的内容后，在 Word 文档的功能栏中单击目标样式，如图 4.2 所示，即可将所选内容加入文章导航。

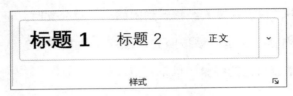

图 4.2　设置文章导航

为不同的内容设置不同层级的样式，即可让文章有清晰的结构。在 Word 文档的"视图"选项卡中勾选"导航窗格"多选框，如图 4.3 所示，即可显示文章的三级结构。

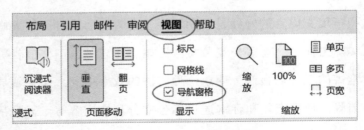

图 4.3　显示文章结构

如此设置，写长篇文章时就可以尽量避免撰写重复的内容。撰写《从零开始学公文写作》时，我便使用了这一方法，部分目录结构如图 4.4 所示。

```
2.3    想靠材料博好感，结果打了领导脸
    2.3.1    出席顺序不会排，姓名居然也写错
    2.3.2    领导职务写一半，"同志"错用引误解
    2.3.3    乱给领导戴高帽，领导看完直发毛
    2.3.4    下笔轻重没分寸，领导就快挨处分
    2.3.5    分析问题没边界，分分钟误伤领导
    2.3.6    好不容易得个奖，抬了自己踩单位
```

图 4.4   《从零开始学公文写作》的部分目录结构

方法二：使用思维导图软件。

目前，市面上有很多非常好用的思维导图软件，如幕布、XMind 等，这些软件特别适合用于思路整理和框架构建，可以方便、快捷地帮助执笔人把构思用思维导图的形式呈现出来。在公文写作培训中，有学生反馈，有一次，他在会议上使用思维导图详细汇报了近期重点工作，领导第一次见到这种思路清晰的汇报形式，感到非常惊喜，留下了深刻的印象。不过，执笔人需要注意的是，使用外部软件，一定要关注工作内容的保密性。只有梳理可以对外公开讲解的工作内容时，才可以使用这些外部软件。

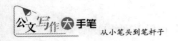
✎ ② 写遴选笔试中的大作文，最后写大标题

在遴选考试的笔试中写作文，我们是应该先把标题写好再写内容，还是应该空着标题先写内容呢？我的经验是，在任何笔试中，都最后写文章的大标题，即先写内容，最后把标题填上去。这是为什么呢？

考场上，在刚刚拿到考卷的紧张状态中，执笔人很难迅速想出一个非常精致的标题，反而是写着其他试题的答案，在不停翻阅题干素材的过程中，有可能看到让自己有灵感的句子，进而提炼句子结构，修改为自己的标题。

举个例子，你在阅读题干素材的时候，看到了这样一句话："让数字赋能成为脱贫攻坚的最强引擎。"拆解一下，这个句子的结构是"让 A 成为 B 的 C"。如果在考试现场想不到更好的标题，可以借用这个结构写标题，比如考题是写一篇关于文旅工作的作文，用这个结构，标题可写为"让互联网＋激活文旅发展的新动能"。

需要注意的是，我们在考卷上落笔写下的每一个字都必须是准备周全的。这是什么意思呢？比如，刚刚我们举例"让 A 成为 B 的 C"，在上考场之前，执笔人至少要准备 5 个类似的标题结构。执笔人坐在考场上，要思考的是我应该用什么样的标题结构来概括已写作文的内容，而不是坐在那里咬着笔现想标题结构。按照这种思路，考前，执笔人除了要准备标题，还要准备写作常用的开头段、过渡段、结尾段，更进一步地说，对常用的典故、重要观点和论据，都要做到心中有数。

【学姐唠叨】

在公文写作培训中，有执笔人问，一级、二级和三级标题要不要空出来最后写呢？根据实践经验，是很难空出来最后写的。一是因为遴选笔试的材料阅读量极大，写作压力非常大，大家可能没有太多的思考时间，很难考虑得这么细致；二是因为提前确定小标题的字数是个难题，即不知道留多少空格才恰到好处。所以，对于作文中的标题，按照正常顺序写就可以。

 ③ **写需要情感张力的文章，一气呵成**

在日常公文写作中，有一类文章是很需要情感张力的。所谓"很需要情感张力"，是指写作时要区别于工作总结、工作汇报等严肃、内敛的风格，全文语言要热情洋溢／催人泪下／鼓舞士气，如写作慰问信、致辞、演讲稿、宣讲稿等。

这类文章通常篇幅不长，且没有三级标题的层次划分，更注重感情是否连贯、内容的起承转合是否自然。写作时，特意搭框架也许会人为切断感情的表达，尤其是写演讲类稿件时，搭好框架后，可能就难以写出一气呵成、行云流水的感觉了。所以，我在写这类文章时，不会搭框架，而是先酝酿情绪，再一气呵成，比如找到合适的音乐，跟着音乐的节奏从头写到尾。

一气呵成的写法有一定的难度，但是掌握后的写作效果非常好。读者可以根据自己的情况，逐步尝试使用。

【学姐唠叨】

跟着音乐的节奏写作，是我常用的一种写作方法。一首歌能够广为传唱，说明它的节奏是经过听众检验的，是行云流水、感动人心的。所以，撰写需要情感张力的文章时，我的写作步骤是先找音乐，再写作。找音乐的这个过程可能会用去几个小时——在音乐软件中试听钢琴曲或流行歌曲的钢琴演奏版，听几句不合适的话就切换到下一首，直到找到符合自己想要传递的情感的音乐。确定音乐后，再随着音乐的起伏写文章。事实上，写本书时，我就使用了这样的方法。

"笔杆子"写公文需要参考框架模板吗

很多执笔人问过我一个类似的问题——写了很多公文,自己依然只会"缝",即只会把一堆素材拼接在一起,做公文的"裁缝",没有独立写作的能力,怎么办呢?是不是"笔杆子"写公文都是独立创作的,不需要依赖素材和工具呢?

结合自己在公文写作这个领域的经验和体会,我认为,"笔杆子"写公文时是否有"缝"的行为,分以下 3 种情况讨论。

① 客观看待"缝"的方法,根据需要适时"缝"

初级执笔人理解的"缝"可能是复制粘贴,甚至照搬照抄,"笔杆子"理解的"缝"则是对基础素材进行加工使用。撰写总结类公文时,需要拼接各个单位的业务工作,"笔杆子"也可能会"缝"素材,不过,"笔杆子"会通过增加逻辑主线或者过渡句,让素材之间的衔接更加流畅、自然,就像我们形容优秀的刺

绣工艺时，会使用"针脚细密"这个词。简单粗暴的拼接多使用罗列的方法，甚至能看出某段内容来自哪里。我记得我看过一篇初级执笔人为领导拟写的讲话稿，其中有一个段落情感上异常饱满，我问该执笔人："感觉这句话是从去年的致辞里剪切过来的，对吗？"她惊讶地说："是的！这都能看出来吗？""缝"本身不是问题，但是要通过句式转换、增加过渡段等，让"针脚"细密一些。

此外，"笔杆子"选择"缝"素材还有一种情况，即他同时负责撰写多篇公文，需要根据工作的实际情况和领导的要求分出主次和优先级。有一些文件可能仅需要报送数据部分，但是出于对文件完整性的考虑，领导会交代："把这个数据文件完善一下，不用精雕细琢，有个东西就行。"此时，"笔杆子"会对目前的素材做简单的拼接处理，保证内容完整、数据准确即可。

✏ 2 对连贯性要求较高的文章，"缝"不了

就像上一节所说，演讲稿、宣讲稿等需要感情张力的文章，最好有一气呵成、行云流水的感觉，那么，写作的时候通常没有办法"缝"，因为只要拼接就会有痕迹，有痕迹就会影响感情抒发的节奏。若成文后感觉有些词语的力度不到位，可以通过检索进

行简单的替换和精修，但是就整篇文章来说，一定是原创的。我的公众号"陶然学姐"中有一篇文章名为《时间的重量》，很多执笔人借鉴其结构和语言写演讲稿，在各自单位组织的演讲比赛中获奖，这篇文章由此成为演讲的"万能模板"。这篇文章是我在出差途中的飞机上用平板电脑撰写的，飞机上没有网络信号，平板电脑里也没有基础素材，这种场景中没有办法"缝"，必须一气呵成。

③ 重要公文考验理论深度，不能"缝"

在体制内单位中，有一类重要的公文，即大型会议文件、领导讲话稿、调研报告、理论文章等公文，通常由专门部门负责起草。这类公文事关领导班子的科学决策和经济社会的发展，一些新的观点和提法是在对历史和现实进行充分思考的基础上完成的总结和提炼，对执笔人的理论深度、战略思维和分析研判能力有极高的要求，通常不会由某一位执笔人完成，而是集体智慧的结晶。参与这类公文起草工作的每一位成员都堪称"大'笔杆子'"，显然，这类公文是不能"缝"的。

【学姐唠叨】

通过对基础素材进行拼接、整理，"缝合"出一篇合格的公文，这是执笔人学习公文写作的必经之路。这个过程是对文字的模仿、运用过程，是锻炼长篇材料驾驭能力的过程，就像小学生会在原文基础上反复练习把字句、被字句改写，并对经典段落进行仿写一样，我们可以客观地看待这件事。但是也要知道，"缝"是过程，不是终点。

如何与领导沟通公文框架更高效

执笔人写完公文后，最担心的就是领导在正文部分画一个大大的圈，因为这意味着整篇公文存在宏观结构性问题，需要大修大改，甚至推倒重写。有的时候，对于需要大修大改的公文，领导会在文件顶端的留白处写出详细的修改意见，比如给出明确的框架指示："分现状、问题、原因、建议等部分撰写。"如果文件上已经有明确的框架指示，那么按照批注的结构修改就可以。如果有看不懂的批注，可以和直接领导做进一步沟通。写《从零开始学公文写作》时，我以为写到"做进一步沟通"这种程度就可以了，但是根据公文写作培训的实际情况，我发现如何沟通是执笔人面对的更大的难题。

【情境】

小白所在的单位要组织开展"转观念、转思路、转作风"专题学习讨论，需要给领导准备一份发言材料。领导叫小白到办公室，

把工作安排给他。小白问："请问领导，这份发言材料的基础构思是什么？"领导说："你自己去考虑吧。"

小白不知道领导为什么会这么回复，心里非常不痛快：你都不会，我更不会了。

问题出在哪里呢？在第 1 章讲检索意识时，我提到过，不要问未经思考的问题。在这个工作场景中，小白犯了类似的错误。一项工作刚刚布置下来，很多时候，领导也是才拿到通知不久，也就是说，通知还"热乎"着。执笔人得到工作任务，直接问领导怎么写，可能碰到领导还没来得及思考的情况，导致提问无效，很容易被直接拒绝回答。

那么，小白需要问的问题及正确的提问逻辑、顺序是什么呢？我用要点的形式列举如下。

①这份发言材料的写作背景是什么？在什么会上用？谁来讲？谁来听？

②有关这份发言材料的具体通知在哪位同事手里？我去要过来研究一下。

③请问领导，有没有需要特别注意的点？我先回去梳理出一个思路，再来向您汇报。

事实上，"请问领导，有没有需要特别注意的点？"这句话就是小白那句"请问领导，这份发言材料的基础构思是什么？"的具体表达。"基础构思"是过于宏观的东西，他人很难在短时间内想出系统的答案，"需要特别注意的点"则不同，领导可以很轻松地讲几个自己想在发言稿中强调的事项，比如，把咱们近期通报表扬的几个案例放进去；不要写太长，5 分钟左右即可，发言的领导比较多；可以结合一下前段时间的党课稿……

这样沟通，小白就基本能够了解这份发言材料的撰写要求了。如果领导说："没有什么需要特别注意的，你先写一稿。"那么，小白可以结合通知要求，先搭建一个框架，再和领导做进一步沟通。

第 5 章

细节为王，微观结构
如何影响公文质量

在时尚界，造型师整体评价某位自身条件特别好的模特时，经常会评价其为"骨相美"，但在进行局部妆造时，仅有"骨相美"是不够的，化妆师通常会依托模特的自身条件，使用时下最流行的"结构法"化妆技巧为其化妆，即不进行色彩的简单堆砌，而是先对模特的面部优势和不足进行分析，再利用其面部凹凸结构和肌肉纹理，通过调整明暗关系、线条走向和妆造位置放大优点，遮盖不足。为什么我要把这个过程拆解得如此详细？因为这样执笔人才能更加形象地理解，堆叠金句就像堆砌色彩一样，看起来热闹，实则言之无物，贴合结构的细节才重要。

本章详细介绍公文写作微观结构中常见的错误和容易被忽略的重点、难点问题。好的文章结构，不仅好在宏观的"骨相"，更好在微观的细节。

过渡段为什么像睫毛一样重要

了解了有关宏观结构的重点、难点问题，我们还要关注微观层面的结构问题。在工作中，领导有时会给出如下评价。

"写得有点粗糙呢！"

"不太行，你再改改。"

"感觉差点意思……"

有的领导是业务出身，不擅长公文写作，所以无法清晰地指出执笔人提交的公文存在什么问题，只能用这种感觉类的评价来表达不妥。执笔人听到这样的评价，内心常常会抱怨，但是客观来讲，很多时候，领导的内心感受是对的，因为他每天批阅海量文件，"量"的储备足够大，一篇公文扎实与否，一眼就能看出来。虽然可以理解为什么会出现这样的评价，但是，这样的评价对经验不够丰富的执笔人来说确实不够友好，因为执行起来存在困难——初级执笔人往往无法理解"有点粗糙"的具体含义、"你

再改改"要改哪里、"差点意思"又是什么意思。

通过工作实践，我发现收到这类评价的公文大多存在一个共同问题，即缺少过渡段，也叫作段落之间的"过桥"。为了形象地表述，我将它命名为"睫毛段"。之所以命名为"睫毛段"，是因为我认为层次之间的过渡段就像女孩子的睫毛妆一样，不涂睫毛膏，并不影响睫毛的功能；但是如果把睫毛处理一下，又长又翘，整个妆容会更加精致，眼睛特别有神。用一句话概括，"睫毛妆"的作用就是，没有也可以，但是如果有，特别好看。

1 用过渡段避免不同层级的序号紧临

办文规定中，并没有哪一条要求必须要在不同层级的序号间增加过渡段或者过渡句，但是如果没有过渡内容，公文就会有浓浓的罗列感，看起来好似没有好好写就匆匆地交了差。

【情境】

领导安排小白针对近期的便民举措写一篇阶段性工作总结。

节选小白初稿中的部分内容如下。

【初稿】

三、聚焦民心所盼，为民服务更有温度

（一）深化"放管服"改革

一是细化证照办理流程，全面推行业务"一网办结"；二是设定服务"周五接待日"，累计办理 A 证明、B 证明等业务 1.8 万余件。

浏览小白的初稿，我们可以发现，3 个不同层级的序号间没有任何过渡内容，紧紧地挨在了一起，形成如下格局。

一、……

（一）……

一是……；二是……；三是……。

二、……

（一）……

一是……；二是……；三是……。

我用表格的形式做修改前后的对比呈现，见表 5.1。

表5.1　有无过渡内容的对比分析

初稿	修改后
三、聚焦民心所盼，为民服务更有温度 （一）深化"放管服"改革 一是细化证照办理流程，全面推行业务"一网办结"；二是设定服务"周五接待日"，累计办理A证明、B证明等业务1.8万余件。	**三、聚焦民心所盼，为民服务更有温度** **××局始终坚持"法治是最好的营商环境"理念，持续加强制度供给，推出系列便利举措，全面打造优质高效的服务环境、安全稳定的社会环境、公平规范的法治环境，为全市经济高质量发展保驾护航。** （一）深化"放管服"改革，**提升政务服务水平** **根据《××市优化营商环境三年行动方案》要求，**××局进一步细化证照办理流程，全面推行业务"一网办结"，设定服务"周五接待日"，有效解决群众"多地跑""折返跑"等问题。一季度，窗口累计办理A证明、B证明等业务1.8万余件，有力推动政务服务从"可办"向"好办、易办、快办"转变。

对比表5.1中的两版稿件，可以发现，只是增加了加粗显示的内容，即在不同层次的序号间增加了"睫毛段"，内容就得到了大幅度充实，好像公文质量"神奇"地变高了。修改后，增加的两处"睫毛段"各自发挥着不同的作用。

第一处：让过渡更自然。

> 【修改后】
>
> ××局始终坚持"法治是最好的营商环境"理念，持续加强制度供给，推出系列便利举措，全面打造优质高效的服务环境、安全稳定的社会环境、公平规范的法治环境，为全市经济高质量发展保驾护航。

该过渡段对一级标题和二级标题进行了分隔，对即将介绍的举措和效果做了统领性概括，让结构之间的过渡更加自然，也让阅稿人能更加清晰地了解这些举措实施的背景、意义和成效。

如果没有这一过渡段，就是措施跟着措施，堆砌感十足，好像本单位的领导一直在机械地应付差事，缺少对工作进行主动、系统地思考。

第二处：让举措有更高的站位和依据。

【修改后】

根据《××市优化营商环境三年行动方案》要求，……

这句话是为了给后面的"一网办结""周五接待日"等具体举措明确来由和出处，具体作用有两个，一是将二级标题和三级内容分开，二是拔高这些具体措施的站位。《从零开始学公文写作》的"站位"相关章节详细介绍了应该怎样找站位，读者可以翻阅学习。

【学姐唠叨】

对于"睫毛段"的处理方法,不能僵化记忆,因为有些业务部门的领导工作利索果断,喜欢"列点",多一点"繁文缛节"都觉得冗余。大家结合实际情况,灵活处理即可。

② 承上启下,必须有过渡段

在领导讲话稿中,有一些经常使用的框架结构,其中的过渡段是框架结构完整的必要内容,见表5.2。

表5.2 讲话稿中的过渡段

框架结构	简要内容
一、介绍目标工作及会议的重要意义	今天召开专题推进会,主要是深入贯彻落实××会议精神,回顾总结上半年工作成效,研究部署下半年重点工作,进一步统一思想、明确目标、传导压力、压实责任
二、对前一位讲话者的讲话内容进行总结	刚才,××同志回顾总结了上半年的工作情况,对下半年的重点工作进行了安排部署,各县区各部门要认真抓好落实
三、介绍前一阶段工作取得的成绩	(分层次概述工作成果)

框架结构	简要内容
四、过渡段	在肯定成绩的同时，我们还要清醒地看到活动中存在的差距和不足：一是对高质量发展的深入思考和自觉运用还不够，在把高质量发展内化为具体的工作思路和举措方面还有欠缺；二是活动与当前实际工作的联系还不够紧密，特别是在触及部门及个人权力、利益等核心问题、敏感问题上的力度还不够大，一些不作为、乱作为、本位主义严重的问题还比较突出；三是在创新载体、创新方式方法上的探索还不足，特色还不够鲜明，取得的效果与群众愿望还有差距。以上差距和不足需要引起高度重视，积极采取措施，认真加以解决
五、提出工作要求	（下一步工作要求）

琢磨表 5.2 中的内容后，我们可以发现，这些过渡段与不同层级的序号间的过渡段作用不同。如果说不同层级的序号间的过渡段可以省略，这些过渡段则不建议省略，因为它们对工作的推动起承上启下的作用，目的是引出下一步工作要求，让各个段落之间的逻辑更加严密。

3 添加过渡内容，让层次之间的衔接更加自然

除了以上两种用法，还有一种用法是用过渡内容使前后句的衔

接更加自然，避免出现陡升或者陡降的感觉。

【情境】

> 领导安排小白就食品安全监管情况写一篇讲话稿。

节选小白初稿中的部分内容如下。

【初稿】

当前，随着生活水平的不断提高，人民群众对食品安全更为关注，"食以安为先"的要求也更为迫切。2021 年是建党 100 周年和"十四五"开局之年，也是我市加快发展的关键之年，人口大量聚集，食品企业和从业人员不断增加，食品安全风险不断提升，食品安全监管的要求越来越高、责任越来越重。近年来，县委、县政府高度重视食品安全工作，将食品安全作为重要的民生工程常抓不懈，全县食品安全形势总体平稳，尤其是 2020 年，全县实现了食品安全"零事故""零舆情"，确保了人民群众"舌尖上的安全"。

初稿中的"2021 年是建党 100 周年和'十四五'开局之年，也是我市加快发展的关键之年"是一个完整的句子，后面应使用句号，在段首出现，起到宏观引领的作用，引出对当前总体形势

的分析。但是初稿中紧跟着说"人口大量聚集，食品企业和从业人员不断增加，食品安全风险不断提升，食品安全监管的要求越来越高、责任越来越重"，这个转折显得过于生硬了。

我们可以添加一些过渡内容，让内容衔接更加流畅。修改后的版本中加粗显示的内容就属于段中过渡内容。

【修改后】

2021 年是建党 100 周年和"十四五"开局之年，也是我市加快发展的关键之年。**随着经济社会的发展，食品安全监管面临诸多挑战，人民群众对食品安全的需求与食品安全风险之间的矛盾日益凸显。**近年来，县委、县政府高度重视食品安全工作，将食品安全作为重要的民生工程常抓不懈，全县食品安全形势总体平稳，尤其是2020 年，全县实现了食品安全"零事故""零舆情"，确保了人民群众"舌尖上的安全"。

【学姐唠叨】

有的执笔人说，我们单位写公文从来不写过渡段，都是序号挨着序号，措施跟着措施，领导并没有提出修改意见。对于这个问题，我们要用包容的心态看待，缺省过渡段是个人的习

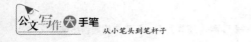

惯，添加过渡段是写作的技巧。也就是说，你可以不写，但是不能不会写。因为领导会调整、岗位会变化，用更高的标准来要求自己，才能在适应不同工作环境时游刃有余。

问题 31

写标题到底要不要强行对仗

很多执笔人刚接触公文写作时，遇到的难点之一是冥思苦想"对仗词"，因为看到很多"优质公文"会用形式多样、比喻堆叠的词语，看起来特别"高大上"。我认为这是一个有关"公文审美"的问题，事实上，随着工作经验的增加，很多执笔人会发现，越是重要的公文，整体的文字风格越平实，几乎没有拗口、晦涩的词语，也没有花里胡哨的点缀。那么，问题来了，如果公文不讲究对仗，为什么读起来如此朗朗上口呢？因为它的内部结构是逻辑严密、句式整齐的。本节，我们从微观层面分享如何分析优质公文的结构。

 1 标题对仗非必须

在公文写作之初，很多执笔人有一个认知误区，即认为公文标题必须对仗。为了实现公文标题工整对仗的目的，这些执笔人会

四处检索、抓耳挠腮地搜罗可以凑成排比的"金句"。比如下列排比。

> 奏响绿色生产的"前奏曲"
>
> 奏响技术升级的"协奏曲"
>
> 奏响生产动能的"奋进曲"
>
> ……

写完前 3 个排比，最后一个"奏响安全生产的'××曲'"想不出来了。

这种写法是选取某一个词为核心词，努力让其他内容向这个核心词靠拢，通过变动其中某一个字或几个字，形成强行排比、对仗的效果。使用这种写法，容易出现言之无物的"快板风格"的内容，即"标题花里胡哨，内容不知所云"。执笔人在写作初期使用这种写法，确实有可能让自己的稿件迅速从一堆稿件中"脱颖而出"，但随着岗位的升迁、调整，这种写法会越来越不实用。

在我的理解中，标题有且仅有一个作用，就是为内容服务。标题来自内容，总结、提炼内容，如果通过标题看不出你想表达什么，那么，你写的标题就是一个"徒有其表"的标题。

【学姐唠叨】

有的执笔人有疑惑，为什么我的领导就喜欢这样花里胡哨的标题呢？这是因为不同阶段的工作要求不同，不同人的公文审美也不同。在一些篇幅较短的信息稿、工作简报中使用这种写作手法，有时可以让公文显得更加生动、形象。作为执笔人，在工作中多留心学习上级部门下发的文件，能够对文字风格有更为准确的把握。要知道，在遴选笔试中，在有字数限制的情况下，每句话写出来都应该是高度凝练的，我们是没有时间和空间给句子增加无意义的点缀的。

② 内容对仗难度大

在精读优质公文时，我们会发现，优质公文对仗的不是标题，而是内容和句式结构。用正确的方法对句子进行重新排列，公文内容的逻辑关系会一目了然。想写优质公文，字词是基础，句式结构是关键。

我们以《人民日报》于 2022 年 10 月 15 日刊发的任仲平文章《十年砥砺奋进 绘写壮美画卷——写在党的二十大胜利召开之际》为例做精读练习，节选片段如下。

　　多次见证重大历史时刻的天安门广场，花团锦簇、红旗招展；深圳莲花山公园里十年前种下的高山榕，亭亭如盖、枝繁叶茂；蓬勃生长的雄安新区，机械轰鸣、塔吊林立；翱翔寰宇的中国空间站，"太空出差"的航天员们全神贯注、有条不紊……历经岁月洗礼，世界东方的这片热土欣欣向荣；满怀豪情壮志，亿万人民在党的领导下奋勇争先。

　　精读文章时，我们不仅要关注内容，还要关注微观结构。现在我们对前4个短句进行结构分析，见表5.3。

表 5.3　句子结构分析

主语	形容词
多次见证重大历史时刻的天安门广场	花团锦簇、红旗招展
深圳莲花山公园里十年前种下的高山榕	亭亭如盖、枝繁叶茂
蓬勃生长的雄安新区	机械轰鸣、塔吊林立
翱翔寰宇的中国空间站，"太空出差"的航天员们	全神贯注、有条不紊

　　接下来，对后两个短句进行结构分析，见表5.4。

表 5.4　句式结构分析

状语	主语	形容词
历经岁月洗礼	世界东方的这片热土	欣欣向荣
满怀豪情壮志	亿万人民在党的领导下	奋勇争先

根据表 5.3、表 5.4，我们可以清晰地发现，段落内部的句子整齐有力，读起来朗朗上口。

内容规整才是高级的对仗，以选调生发言为例

在问题 31 中，我们了解到，段落内部的内容工整才是高级的对仗，现在，我们结合具体事例进一步学习这种写作手法。在我的公众号"陶然学姐"中，有一篇非常优秀的选调生发言稿，作者是"花小娇"。节选稿件内容如下（有细节删修）。

【原文】

3 年前，我和其他选调生一起来到大美镇，共同见证了精准扶贫政策的圆满收官和乡村振兴战略的全面实施。从厕所革命改善人居环境，到数字乡村建设项目开工，我非常荣幸能够参与其中。

过去 3 年的驻村工作，让我理解了深接地气的重要意义。只有深接地气，我们才能在产业发展中检验理论知识，才能想群众所想、急群众所急。驻村条件艰苦，有时候任务琐碎繁重，但是在解决问题的过程中，我不断提高着自己应对各种急难险重工作的底气。

选调生是一个集体，我们来自不同专业，在乡村振兴实践中发

挥自己的专业所长。在田间地头，我作为一个刚从"象牙塔"中走出的学生，在乡亲们的介绍中一点点了解着乡村的方方面面。在走村入户时，我跟着他们一条条录入信息、一行行解读惠农惠民政策。在防汛抗洪的深夜，大家互相帮助，心往一处想、劲往一处使，我倍感温暖与踏实。

过去3年，我努力梳理着乡村工作的细枝末节，在田地间历练、成长。今天，我希望依然可以怀揣走出校门时的初心，在乡村继续发挥自己的一份力量，无愧青春岁月。未来，我会努力地去成为乡村振兴中的一分子，始终不忘最本真的乡愁与乡思，书写更多荡气回肠的乡间事，为大美镇播撒无数幸福与希望的种子。

从内容上看，这是一篇完成度非常高的优秀选调生发言稿，语言简洁、真诚感人。不过，我们可以尝试对这篇文章做进一步精修，按照前文介绍的内容对仗技巧，做优化、调整。为了更好地展示句子结构，我用表格的形式进行分析，修改过程中，有对仗关系的句子在表格中用回行的形式做了切分呈现，便于大家对比、分析，见表5.5。

表 5.5　案例拆解

原文	修改后	分析
3 年前，我和其他选调生一起来到大美镇，共同见证了精准扶贫政策的圆满收官和乡村振兴战略的全面实施。从厕所革命改善人居环境，到数字乡村建设项目开工，我非常荣幸能够参与其中。	滴水不成海， 独木不成林。 在过去的 3 年里，大美镇选调生已经成为一个团结的符号，一个奋进的符号。 我有幸成为其中的一员，成为精准扶贫的参与者，成为乡村振兴的建设者，成为厕所革命的志愿者，成为数字乡村的见证者。	修改后，个人融入了集体，句子更加简洁，力量感更强。段内连续 4 个排比句，读起来朗朗上口，充满情感张力
过去 3 年的驻村工作，让我理解了深接地气的重要意义。只有深接地气，我们才能在产业发展中检验理论知识，才能想群众所想、急群众所急。驻村条件艰苦，有时候任务琐碎繁重，但是在解决问题的过程中，我不断提高着自己应对各种急难险重工作的底气。	梦想从学习开始，事业靠本领成就。 3 年的驻村工作，让我理解了，只有深接地气，才能把实干写进乡村振兴，把知识融入产业发展。 只有深接地气，才能了解群众痛点、民生难点、政策堵点。 只有深接地气，才能让我们具有适应艰苦环境、胜任艰巨任务、处置复杂事件的"底气"。	第一句先写明重要观点，增加文章的厚重感，再用连续排比，对深接地气的意义进行概括。在实际工作中，如果这一段用来升华价值，还需要增加一些具体的工作事例作为支撑。 "把实干写进乡村振兴，把知识融入产业发展"对仗整齐。 连续 3 个"只有深接地气"，形成段落内排比

原文	修改后	分析
选调生是一个集体，我们来自不同专业，在乡村振兴实践中发挥自己的专业所长。在田间地头，我作为一个刚从"象牙塔"中走出的学生，在乡亲们的介绍中一点点了解着乡村的方方面面。在走村入户时，我跟着他们一条条录入信息、一行行解读惠农惠民政策。在防汛抗洪的深夜，大家互相帮助，心往一处想、劲往一处使，我倍感温暖与踏实。	聚是一把火，散是满天星。乡村振兴的路上，携手奋进的有来自法律、水利、土木、环保、语言等各个专业的伙伴。在田间地头，我看到了他们积极配合村委开展绿美建设、耕地保护等各项重点工作。在农户家中，我看到了他们一条条录入信息、一行行解读惠农惠民政策。在防汛抗洪一线，我看到了他们昼夜值守，拉网式排查，积极参与防汛救灾和灾后重建。	专业的多元是乡镇所需，来自四面八方的选调生恰好是各个专业的优秀学生，因此，开头用"聚是一把火，散是满天星"引入，非常形象。选调生的身影活跃在乡镇的各个工作现场，用排列整齐的地点转换，如在田间地头、在农户家中、在防汛抗洪一线，展示年轻人的成长和进步

续表

原文	修改后	分析
过去3年，我努力梳理着乡村工作的细枝末节，在田地间历练、成长。今天，我希望依然可以怀揣走出校门时的初心，在乡村继续发挥自己的一份力量，无愧青春岁月。未来，我会努力地去成为乡村振兴中的一分子，始终不忘最本真的乡愁与乡思，书写更多荡气回肠的乡间事，为大美镇播撒无数幸福与希望的种子。	3年前，作为选调生中光荣的一员，我走出校门，走进村户；3年后，我将不辜负组织的培养和信任，努力成为"接地气、强底气、有勇气、树正气"的基层青年干部，始终不忘乡情乡思，用青春的笔墨描绘多彩大美，让青春在乡村振兴的火热实践中绽放绚丽之花。	写明重要观点，让结尾立得住。3年时间，乡镇在变化，自己也在变化，因此用"3年前"和"3年后"来划分时间。"乡愁"改成"乡情"更为妥帖，"荡气回肠的乡间事"改成"描绘多彩大美"，意味着乡镇走上了绿色发展、产业振兴、文旅融合的道路。将"为乡村播撒种子"修改为"火热实践"，增强结尾的力量感

完整、规范地修改后，文章如下所示。

【修改后】

滴水不成海，独木不成林。在过去3年里，大美镇选调生已经成为一个团结的符号，一个奋进的符号。我有幸成为其中的一员，成为精准扶贫的参与者，成为乡村振兴的建设者，成为厕所革命的志愿者，成为数字乡村的见证者。

　　梦想从学习开始，事业靠本领成就。3 年的驻村工作，让我理解了，只有深接地气，才能把实干写进乡村振兴，把知识融入产业发展。只有深接地气，才能了解群众痛点、民生难点、政策堵点。只有深接地气，才能让我们具有适应艰苦环境、胜任艰巨任务、处置复杂事件的"底气"。

　　聚是一把火，散是满天星。乡村振兴的路上，携手奋进的有来自法律、水利、土木、环保、语言等各个专业的伙伴。在田间地头，我看到了他们积极配合村委开展绿美建设、耕地保护等各项重点工作。在农户家中，我看到了他们一条条录入信息、一行行解读惠农惠民政策。在防汛抗洪一线，我看到了他们昼夜值守，拉网式排查，积极参与防汛救灾和灾后重建。

　　3 年前，作为选调生中光荣的一员，我走出校门，走进村户；3 年后，我将不辜负组织的培养和信任，努力成为"接地气、强底气、有勇气、树正气"的基层青年干部，始终不忘乡情乡思，用青春的笔墨描绘多彩大美，让青春在乡村振兴的火热实践中绽放绚丽之花。

　　我们从修改后的文章中把内部对仗的短句提炼出来，理解起来会更加轻松，见表 5.6。

表 5.6　文章内部的对仗

	文章内部的对仗
主语	"精准扶贫的参与者""乡村振兴的建设者""厕所革命的志愿者""数字乡村的见证者"
动词	"把实干写进乡村振兴""把知识融入产业发展"
宾语	"群众痛点""民生难点""政策堵点"
动词	"适应艰苦环境""胜任艰巨任务""处置复杂事件"
地点状语	"在田间地头""在农户家中""在防汛抗洪一线"
时间状语	"3年前""3年后"

【学姐唠叨】

看到这里，大家会发现，明明是普通的句子，但是修改内部结构后，节奏更加紧凑、句式更加规整，站位好像也更高了。这个修改过程是如何实现的呢？

修改行文节奏，的确有一些"只可意会，不可言传"的"感觉"在起作用。我仔细思考了一下这个"感觉"是什么、从何而来。可能是因为在过去的成长过程中，凭借声音方面的特长，我在工作中承担了大量宣传片、汇报片、纪录片的视频配音工作，这种在正式场景中反复多次、没有差错的朗读训练培养了我敏锐的语感，让我能够轻松地感觉到这里的句子过短、那里的句子过长、整体的结构不够美。所以，我认为，如果想拥有这种"感觉"，利用好单位的锻炼机会非常重要。很多职场新人非常惧怕"新人三件套"，即演讲、征文和知识竞赛，报名的时候总想躲起来，被领导点名才不得已地硬着头皮去参加。殊不知，这些活动是非常好的培养语感的机会，因为准备过程中，你会"被迫"练习上百次，直至没有错误。不要太期待靠自己日常坚持训练来提高语感，很难做到，因为"间歇性努力、持续性放弃"是人生常态。

内容散乱没逻辑，反查小结构是否头、身、尾齐全

工作中，领导经常评价优质公文为"这篇公文写得比较扎实"。"扎实"是什么意思呢？为什么同样主题的两篇公文，有的难消内容散乱的感觉，很容易让人觉得执笔人水平不够、站位不高；有的只是多铺了一点笔墨，就能把工作呈现得清清楚楚呢？这是因为在谋篇布局上，很多执笔人只关注了大的框架，忽略了细微部分，即公文内部的结构完整性。

【情境】 🖊

小白所在的单位近期开展作风建设专项教育活动，领导安排小白写一篇阶段性总结。

小白撰写的阶段性总结中有如下内容。

【初稿】

（三）深化队伍作风建设

分局持续巩固"只想揽功不想担责、只想出彩不想出力、只想不出事不想多做事"专题讨论成效，深入开展"六不讲"教育活动，即不礼貌的话不讲、不耐烦的话不讲、责难的话不讲、刁难的话不讲、牢骚的话不讲、庸俗的话不讲，不断改进执法方式、规范执法言行。

小白的该部分初稿实际上讲了两件事，一是巩固"只想揽功不想担责、只想出彩不想出力、只想不出事不想多做事"专题讨论成效，二是深入开展"六不讲"教育活动。撰写总结时，如果仅罗列具体措施，阅稿人难以把握工作开展的背景。此外，总结类公文的落脚点多在对效果的呈现。

修改后增加的内容加粗显示，如下所示。

【修改后】

（三）深化作风建设，**打造高素质执法队伍**

按照市局总体部署，分局结合干部队伍实际，全面整顿不良习气，倡导清风正气，解决突出问题，全力打造高素质执法队伍。针对"只想揽功不想担责、只想出彩不想出力、只想不出事不想多做

事"的痼疾顽症，分局开展了××（具体工作）。针对"六不讲"教育活动，分局开展了××（具体工作）。上半年，各项作风教育整顿活动开展扎实有力，××（数据），**初步实现了内抓规范、外树形象、提升素质、促进工作的目标。**

浏览修改后的内容，我们可以发现，扎实的公文不仅做到了全文的开头、正文、结尾逻辑完整，还做到了正文内部的每个层次都头、身、尾齐全，即同时做到了宏观逻辑和微观逻辑的完整。

在问题 30 的第一个过渡段案例中，调整同样涉及对公文内部结构的完善，我们用此案例从另一个角度进行分析，案例详情见表 5.7。

表 5.7　头、身、尾齐全案例分析

初稿	修改后
三、聚焦民心所盼，为民服务更有温度 （一）深化"放管服"改革 一是细化证照办理流程，全面推行业务"一网办结"；二是设定服务"周五接待日"，累计办理 A 证明、B 证明等业务 1.8 万余件。	三、聚焦民心所盼，为民服务更有温度 ××局始终坚持"法治是最好的营商环境"理念，持续加强制度供给，推出系列便利举措，全面打造优质高效的服务环境、安全稳定的社会环境、公平规范的法治环境，为全市经济高质量发展保驾护航。 （一）深化"放管服"改革，提升政务服务水平 **根据《××市优化营商环境三年行动方案》要求，**××局进一步细化证照办理流程，全面推行业务"一网办结"，设定服务"周五接待日"，**有效解决群众"多地跑""折返跑"等问题。**一季度，窗口累计办理 A 证明、B 证明等业务 1.8 万余件，**有力推动政务服务从"可办"向"好办、易办、快办"转变。**

　　加粗显示的第一个句子的写作目的是给前文列举的举措找到落脚点，有了落脚点，整个段落才站得住。加粗显示的后两个句子的写作目的是表达出了这么多便民举措，最终实现了什么目的、取得了什么社会效果，在段尾总结、强调。

【学姐唠叨】

　　公文内部结构中，头、身、尾要完整。对于这个要求，需要加以关注，但不能僵化套用。比如，有的领导要去上级部门

做先进经验介绍，时间需要控制在 3 分钟内，即短时间内需要呈现更多的具体内容，那么，可以根据实际情况对公文进行调整、删减。

反之，把公文内部结构补充完整有一个重要的应用场景——某段落和其他段落相比篇幅较短，整体看来结构不均匀时，可以通过增加工作举措的"头"和"尾"，扩充段落的篇幅。

问题 34

写工作汇报稿，如何避免多个部门循环出现

在《从零开始学公文写作》中，我们讲过，结构错误会导致修改公文时"伤筋动骨"。比如，各单位都开展了形式多样的主题党日活动，执笔人按照如下结构写，如果有十几个，甚至几十个单位，就会越拼越长、罗列不完。

一、A 局参观党史国史文化馆，推出十大优化举措

二、B 局开展红色文化大讲堂活动，新增市场主体 3 万户

三、C 局组织党员回顾党的历史，40 余名党员重温入党誓词

不仅如此，工作中，执笔人还会经常遇到另一种工作循环出现的情况。

【情境】

小白所在的公司来了新领导，为了尽快熟悉工作和人员，新领导要求各部门撰写周报，并由小白汇总后每周一上交。周报的模板

包括 3 个部分的内容。

①本周开展了哪些工作。

②本周存在哪些问题。

③下周工作计划。

小白汇总时发现，各个部门会"循环出现"。什么意思呢？小白的初稿如下。

【初稿】

①本周开展的工作：办公室完成年度工作总结的撰写；财务部完成 ERP 项目的筹建和试运行；人力资源部完成年度绩效考核工作。

②本周存在的问题：办公室牵头的 ×× 专班工作目前人手抽调不足；财务部发现个别部门报销流程不规范并多次沟通未果；人力资源部牵头的薪酬调整方案征求意见后发现存在部分阻力。

③下周工作计划：办公室拟向领导请示抽调人员组建专班；财务部拟制定规范性制度，并请示领导是否对个别部门进行通报批评；人力资源部拟就薪酬方案进一步请示领导意见。

小白发现，用这种方式汇总，同一个部门至少出现 3 次。如果单位只有四五个部门还好，但实际有十几个部门，写出来非常繁

复、杂乱。小白尝试用《从零开始学公文写作》介绍的分类方法对部门进行分类，但好像谁和谁都不是一类。遇到这种情况，应该怎么处理呢？

出现这种问题的本质原因是统稿人没有设计好框架结构。我们用字母来代替具体部门，这种循环出现的特点会更加明显，如下所示。

第一部分：A 是……；B 是……；C 是……。

第二部分：A 有……；B 有……；C 有……。

第三部分：A 要……；B 要……；C 要……。

我们回看情境，这是一个什么工作呢？是使用模板简要汇总每周情况的工作，这意味着不需要有特别完整的逻辑结构，给出一目了然的要点就可以。因此，我们主要考虑以下几个问题。

①汇总中是否有必要明确各部门的名称。

②汇总中是否有必要罗列全部工作。

我个人认为，这不是必要的，除非领导明确强调需要罗列全部工作且标注部门。

如果领导确有相关要求，我们可以用表格的形式对各部门的工

作情况进行汇总，尽量避免各部门重复出现的问题。

如果领导没有相关要求，用文本的形式，更常规的做法是提炼各部门的工作和问题，有选择地进行整理。在选择并整理的过程中，如果把握不好重点，可以请示直接领导。用这种方法进行呈现，可以将初稿修改为如下公文。

【修改后】

①本周重点工作：年度工作事项有序推进，完成工作总结及绩效考核工作（因财务 ERP 系统还在试运行阶段，不作为重点工作纳入）。

②存在的问题：××专班工作人员配备不足；薪酬调整方案推动存在部分阻力；个别部门存在财务报销不规范的情况。

③下周工作计划：进一步完善财务管理等公司治理制度；相关部门拟就 ×× 专班抽调人员、财务规范及薪酬考核事项请示领导意见。

我们可以发现，小白的职责不是对各部门的工作进行罗列、拼接，而是对所有工作进行分类整合、提炼重点，并用总结概述的语言表述。修改后的公文看起来就不会那么琐碎了。

单独列点内容太少，应该如何布局

在公文写作过程中，还有一个常见问题，即对部分工作来说，如果进行单独列点呈现，内容太少，会导致篇章布局不协调；而如果把这部分内容放在其他标题下面，行文逻辑会稍显混乱。面对这种情况，应该怎么合理地安排文章布局呢？

面对这种情况，在工作实践中，我通常使用以下两种方法进行处理。

方法一：单独成段，对句子做扩写处理。

方法二：切换角度，让内容自然地融入其他段落。

【情境】

领导安排小白针对近期的廉政文化建设写一篇工作简报，小白根据手头的素材，列出了如下框架。

一、有长效机制

二、有丰富载体

三、有创建成果

列出框架后，小白发现，在工作开展过程中，还有一些零散的工作，比如组织廉政文化宣讲员开展了培训，但这些工作占比很小，没有文字素材，只留了些照片，该怎么处理呢？请示领导后，领导让小白想办法将其加进工作简报。

我们尝试用前文提到的两种方法分别处理如下，执笔人可以结合自己的情况选用其一。

方法一：单独成段，对句子做扩写处理。

如果领导要求某一项工作必须单独成段，按照事物的发展逻辑，从上游到下游进行简单的扩写是常用的方法。

着手撰写时，小白可以先写出这样一句话："1月31日，公司纪委组织开展了廉政文化宣讲员专题培训。"

我们尝试进行第一次扩写。增加背景、人员、形式后，可以得到如下一段话。

为深入学习贯彻××会议精神，持续加强反腐倡廉教育和廉洁文化建设，按照《关于组织开展2023年廉洁文化创建活动的通知》要求，一季度，公司总部分 3 个批次对 28 名廉政文化宣讲员开展了专题培训。

在这段话的基础上进行第二次扩写，增加培训的内容、主题、形式、载体、效果后，内容会进一步充实，得到如下 3 个小标题。

（一）集中培训与自主学习相结合

（二）线上培训与现场培训相结合

（三）理论学习与典型案例相结合

方法二：切换角度，让内容自然地融入其他段落。

如果领导没有要求详细说明这个工作的要点，只是让执笔人"带一笔"，那么就可以切换角度，让其自然地融入其他段落。

怎么"带一笔"？很简单，举个例子，领导让小白把"甜甜圈"写进作风建设，面对两个看上去风马牛不相及的事物，小白可以做如下思考和联系。

甜甜圈有两个属性，第一，甜，是不是可以联想到糖衣炮弹？第二，中间有洞——有的人只看到中间的洞，有的人则会看到好吃的甜甜圈。

"艰难困苦，玉汝于成。任何时候，都要保持乐观主义精神"，这样写，不就联系上了吗？

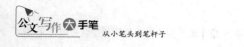

回看情境中的例子，怎么把"对宣讲员的培训"自然揉进"长效机制""丰富载体""创建成果"呢？

如果想揉进"长效机制"，可以写为"制定了《廉政文化宣讲员队伍管理办法》，……（介绍开展了哪些培训）"。

如果想揉进"丰富载体"，可以分指尖上的廉政文化、橱窗里的廉政文化、课堂上的廉政文化等几部分进行载体介绍。

如果想揉进"创建成果"，可以写为"通过开展培训，宣讲员的稿件、视频获得了××奖项，得到了××范围的传播学习"。

【学姐唠叨】

以上思考逻辑的本质是对发散思维的实践，也就是说，面对同样一件事，我们要努力找出不同的思考角度，努力提出不同的观点，这是公文写作能力进阶的必修课。

问题 36

为什么领导会评价某些公文是"流水账"

工作中，执笔人难免会遇到人物、活动、领导要求特别多的场合，比如被要求写会议纪要或领导开展调研的通讯稿时，几乎每位领导都会提意见、建议，若执笔人不敢做取舍，成稿中的"领导提出的要求"部分就会出现大量列举的情况。我对执笔人撰稿时经常出现的心理过程做了总结及分析，见表5.8。

表5.8 取舍素材的心理过程及分析

心理过程	分析
活动这么多，都要写进去吗	考查抓主要矛盾的能力，也就是把握重点的能力
删掉哪个领导的要求都不妥，必须逐项列示吗	考查分类归集的能力
逐项列示内容太多，已经超过5页了，怎么办	考查总结提炼和价值升华的能力

若执笔人的相关能力（表5.8中提及的能力）不足，写出公文上交后，领导通常会这样说："不要罗列工作，写得像流

水账！"

【情境】

　　人大代表小组到小白所在的乡镇调研、指导工作，活动结束后，小白需要针对当天的工作写一篇通讯稿。

　　小白撰写的通讯稿中有如下内容。

【初稿】

　　区人大常委会副主任李大海对大美镇乡村振兴与人居环境整治工作所取得的成效给予了充分肯定。他指出，要符合村情开展乡村治理工作，做到成熟一块、打造一块、宣传一块，动员村民力量，吸引劳动力回流，提高百姓收入，扎实推进共同富裕。

　　区人大代表王建设对乡村振兴工作的开展提出建议，要发挥退休人才优势，支持和鼓励退休人才投入乡村振兴工作，为农业生产、村集体经济发展提供技术支持和理论保障。

　　区人大代表李丽华提出，后续会开展多种形式的专题调研活动，走进田野、实地调查、收集数据，通过走访农户了解基层民意，听见基层声音，服务好基层群众。

　　区人大代表王爱华表示，通过本次专题调研活动，了解到在镇党委、政府和各村的努力下，村容村貌发生了重大改变。

区人大代表张爱民提出建议，在新农村建设方面，要吸引青年专业人才，能动地发挥人才优势。

执笔人撰稿时，如果发现某个词反复出现，要高度敏感，思考是否有统一的代称，如初稿中多次出现"区人大代表"，就可以统一称为"代表们"，因为本次工作是开展调研，所以也可以统一称为"调研组一行"。同样的方法还适用于撰写会议纪要，在会议纪要中，如果有多位领导的意见、建议，可以统一归入"会议研究""会议讨论""会议指出""会议决定"，用"会议"指代参会人员。

出现罗列感，主要是因为缺少分类和价值提炼。

所谓分类，即按照类别对代表们提出的建议、要求进行归集，比如哪些意见是围绕"乡村治理"提出的，哪些意见是围绕"人才引进"提出的，实在无法归集的，可以用一两句话带过，尽量减少堆砌感。

所谓价值提炼，是把一件事从客观事实层面提升到理论层面。举个生活中的例子，帮助大家理解。

比如，小白通过了遴选考试，同事们向他请教备考经验，小白说了如下 4 点体会。

第一，平时一定要多写公文，这样，在考场上看到大作文时不会犯怵。

第二，公文不分大小。从命题思路上看，出题越来越接地气，所以，不能把精力都投入讲话稿写作练习，座谈发言稿等公文的写作练习也很重要。

第三，在乡镇工作期间积累的实践经验很重要，会在面试的时候用到。若平时不注意积累，很可能会答得特别虚。

第四，工作中要认真研读上级部门下发的文件，很多观点是用得到的。

小白说的 4 点备考经验，我们提炼一下，是什么呢？

是"工作是遴选最好的'练兵场'"。

这就是价值提炼的过程。先提炼出这句话，再写分论点，才能体现执笔人的思考力。

针对情境中小白的工作任务，我们需要先对各位代表的意见进行分类归集，再将调研组一行中主要领导的讲话后置，写出逻辑更加清晰的通讯稿。

修改后的通讯稿部分内容如下。

【修改后】

调研组一行先后察看幸福小区、达达农场，实地了解乡村建设、村容村貌、生态发展等情况，并组织座谈就发展中存在的问题、困难进行充分交流。代表们指出，要广泛吸引青年人才，发挥退休人才优势，为农业生产、村集体经济发展提供技术支持和理论保障。下一步，将开展多种形式的专题调研活动，畅通民意诉求通道，更好地服务基层群众。

区人大常委会副主任李大海对大美镇乡村振兴与人居环境整治工作所取得的成效给予了充分肯定。他指出，要符合村情开展乡村治理工作，做到成熟一块、打造一块、宣传一块，动员村民力量，吸引劳动力回流，提高百姓收入，扎实推进共同富裕。

【学姐唠叨】

能够对素材进行精准、快速的提炼是一项非常难得的能力。在写本书的过程中，我时常担心，这么写会不会太深了。但是，在成长路上，执笔人若长期徘徊在起跑线旁，很难有长足的进步和发展。提炼，不仅仅是处理罗列式结构的方法，更

是提高面试、发言、汇报工作时的即时反应能力的必然要求。在公文写作培训中，经常有学生惊讶于我点评时的即时提炼能力之强，我也在思考，这是怎么培养的呢？可能有如下几个关键变量。

一是日常工作节奏紧张，我非常不喜欢冗长的表达方式，即能用一句话说清楚的，我不会说两句话，这一习惯会促使自己在表达上极致简约。

二是看到高度凝练的表达时，我会有意识地去反推，比如，看到"心底无私天地宽"这个短句，我发现能用简单的7个字概括很多在群众工作中遇到棘手问题、困难挫折时一心为公、迎难而上的语言，就会有意识地去记忆。

三是生活中，我会不断提问自己，这件事到底是一件什么事、能不能用一句话概括这个人到底在讲什么……即不断强化自己向下探索底层逻辑的思维习惯。做到这一点，可能需要一些跨学科的知识储备。所以，系统学习哲学、法学、经济学等学科，对逻辑思维的提升而言，作用是非常大的。

第 6 章

案例分析，如何破解
找框架难题

面对堆积如山的素材，最让执笔人头疼的一点往往是如何搭框架，即如何确定 3 个主要层级的标题。搭框架非常重要，因为先搭好框架再填写内容，写作速度比较快。

　　本章详细介绍破解找框架难题的方法，力求真正从方法论角度为大家提供帮助，而不仅仅是提要求、讲思路。

在通知中找框架，以先进事迹为例

一项工作的安排，往往从发通知开始。很多执笔人认为写通知是一个程序性办文环节，通知中的工作要求部分都是比较"虚"的内容，其实不然，通知中的工作要求部分经常会为我们后续需要撰写的公文提供谋篇布局的思路。

【情境】

小白在单位的宣传岗位工作。年底，上级部门组织评选先进个人，领导把评选通知拿给小白，让他写一篇自己的先进事迹。

通知的内容节选如下。

热爱宣传工作，有一定宣传工作基础和专业知识，有较高的信息收集和处理能力，能够及时、高质量撰写、报送各类文稿，个人撰写信息稿件多次被上级机关或市级以上主流媒体采用。积极主动做好本单位信息宣传工作，健全制度机制，壮大宣传队伍，宣传工作有阵地、有载体、有特色、有质量、有全局。

小白拿到通知后开始发愁，自己是一个普通的信息宣传员，平时的主要工作是写写简单的宣传稿，今年的上稿率比较高，领导就推荐了自己，但是自己并没有做过惊天动地的大事，也没有特别突出的贡献，简单的工作怎么撑得起一篇 2000 字的先进事迹呢？

在公文写作培训中，我始终强调一个理念，即一定要带着思考工作。面对先进个人评选，我们首先要知道评选条件是什么。通知一定会非常清晰地说明对参评选手的要求，这些要求是申报材料必须覆盖的内容，即通知为我们搭建先进事迹的框架提供了思路。我们用表格的形式对通知进行拆解，见表 6.1。

表 6.1　根据通知破题

通知原文	破题要点
热爱宣传工作	思想上热爱宣传工作，日常做了哪些不断提高思想认识的努力、是否自觉主动地学习宣传工作的基本知识、参加了哪些培训等
有一定宣传工作基础和专业知识	作为开头段，写个人的基本情况。如果刚好专业对口，可以提一提自己的专业背景；如果专业与宣传工作不直接相关，可以不用详述
有较高的信息收集和处理能力	如何体现自己有较高的信息收集和处理能力呢？一定是能够对大量信息进行去粗取精、总结提炼，体现对"多"的处理能力。因此，先进事迹中可以展开写日常处理信息的量是多少、具体是如何处理的

续表

通知原文	破题要点
能够及时、高质量撰写、报送各类文稿	"及时"体现的是宣传工作的时效性，即"快"；"高质量"体现的是"质"。结合上一句，我们可以明确，好的信息宣传员要实现"量""快""质"统一
个人撰写信息稿件多次被上级机关或市级以上主流媒体采用	这句话体现的是"效"，即工作举措是否得到了充分实施、宣传工作是否取得了成效。写先进事迹时，建议对"采稿"进行数字化处理，可以写被采用稿件的篇数，也可以写采稿率，看看哪个数据更具说服力
积极主动做好本单位信息宣传工作，健全制度机制	这是对执笔人在"建章立制"工作上的贡献的调查。执笔人可能会觉得，我不在领导岗位，怎么会参与到健全制度机制呢？这里存在理解上的偏差。领导把握制度方向，执笔人负责文字呈现，所以执笔人一定会参与到起草、讨论的过程。撰写先进事迹时，可以用"参与起草了"等表述准确概括自己的工作
壮大宣传队伍	执笔人能在壮大宣传队伍中发挥什么作用呢？我们思考一下，通常，壮大宣传队伍会有哪些举措？常见的有选拔人才、优化人才结构、开展教育培训、考核激励及保障等。在这些工作中，执笔人通常会参与一个或几个环节的落地，这都是"壮大宣传队伍"这一要求的具体体现
宣传工作有阵地、有载体、有特色、有质量、有全局	这一点在强调宣传工作的阵地和方式，以及载体是否丰富、形式是否多样、模式是否新颖、是否实现了百花齐放的状态。在这个过程中，执笔人参与或负责哪部分工作，取得了什么成效？在创新形式中，执笔人贡献了哪些"金点子"，发挥了什么作用？都可以写进先进事迹

对通知进行深入分析后，小白的个人先进事迹申报材料的框架

就基本出来了。我们对表 6.1 的右列内容进行分类提炼，大概能总结出以下几点必须覆盖的内容。

① 个人基本情况。

② 强化理论学习，思想上热爱宣传工作。

③ 信息稿能实现"快""质""量""效"。

④ 在创新形式、方法上有 ×× 经验。

⑤ 在其他工作，如宣传队伍组建中发挥了 ×× 作用。

【学姐唠叨】

对待工作，一定要跳出工作本身去思考。面对个人先进事迹的撰写，很多执笔人的内心反应和小白一样，即我干的都是琐碎的活儿，有什么好写的？只要第一反应是这个，就永远跳不出局限的思维陷阱。把通知研究明白，能为我们做好后续工作提供重要方向。

设计记忆点搭框架，以座谈发言稿为例

工作中，无论是刚参加工作的职场新人，还是已经走上管理岗位的领导，都会遇到一类公文，即座谈发言稿。撰写座谈发言稿的难点在于每次发言的场景都不同，场景一变，站位、结构、内容等都会随之改变，没有办法生硬地套用模板。

座谈发言稿有一个非常重要的特点，即受众人数多。判断座谈发言稿优质与否很简单——座谈现场，很多人会谈心得、谈经验、谈体会，如果你的发言有"记忆点"，即十几个人，甚至几十个人发言过后，领导还能复盘你的内容，且上级部门的信息员能轻松提炼你的发言稿的观点，就说明你的发言稿是层次清晰的，给人留下了深刻印象。

【情境】

小白是刚工作半年的职场新人。领导想了解一下半年以来，这批新员工的成长情况，准备组织一次座谈会，小白需要准备一篇座谈发言稿。

想一想，发言稿怎么写才能够给人留下深刻印象呢？如果按照自己的想法随意写，很容易出现过于发散的情况，即有"一说一大片"的效果，听众不知道你在说什么，也记不住。建议大家写座谈发言稿时，把工作内容用几个排比或者相关的词语进行概括，思路会清晰很多。

接下来，给大家提供一个座谈发言稿范文。

很高兴，也很荣幸能有机会参加这次座谈交流活动，向各位领导汇报、与各位同事交流自己在工作上的一些体会和感悟。

转眼间，我来到单位已经半年，在各位领导的关心指导、同事的热心帮助下，我得到了全方位的锻炼和成长，深切感受到了部门大家庭的团结、和谐、温暖和向上。如果用几个字来概括我的收获和感悟，就是精心、精细、精准、精通。

精心，如工作中需要用心做事，在明白每项工作的目的、内容的基础上，思考如何改进工作方法，提高工作效率。

精细，如关注工作细节，精细梳理群众日常的需求和痛点；认真整理、归集庞杂的数据，以便随时定位、查阅。

精准，如精准了解岗位职责、角色定位，准确理解每项政策、每个方案的目的和要求，精准执行领导交办的工作任务。

精通，如对标业务能手、项目骨干，加强专业知识学习，精通业务所需要的各项本领。

我将以这次座谈会为契机，继续加强学习、踏实工作，把本次座谈经验转化为提升自身的内在动力，为单位的发展做出自己的贡献。

撰写领导干部的座谈发言稿同样如此。我们经常看到领导在座谈会上发言时使用"正确处理××关系"这一句式，如"要正确处理守与变、争与让、稳与进、防与治、破与立的关系"等，这就是通过框架设计达到由浅入深、由表及里的目的，让文字逻辑更加清晰、受众记忆更加深刻的做法。

在逻辑中找框架，以讲话稿为例

在逻辑中找框架是最难的谋篇布局方法，建议学有余力的读者尝试掌握。

有时候，执笔人辛辛苦苦写完一篇公文，领导会给出"全篇的逻辑都不对""这里的逻辑有问题"等评价，那么，到底什么是"逻辑"呢？

通过检索，我们发现，所谓"逻辑"，是客观事物的发展、变化规律；是某种规则、观点或看问题的角度和方法；是思维的规律、规则。落在工作层面，我认为"逻辑"是一个人对目标事物系统性思考的总结、提炼和呈现。这样表述理解起来有些困难，我们举例说明。

【情境】

小白的家乡是二线城市，目前正在推进人才强市战略，准备举行人才引进启动仪式。在该背景下，小白需要为市领导拟一篇用在启动仪式上的讲话稿。

执笔人驾驭这种公文的难度是比较大的，如果自己的逻辑思维能力不够强，可以尝试使用思维导图辅助进行深入思考。下面，我用浅白的语言呈现一下我面对该工作任务的思考思路。

①启动仪式的现场都有谁？我需要根据实际受众确定用词规格。比如，现场可能会有著名的专家学者、知名的企业家，以及人才的主体，即青年人。青年人还要细分为两类，一类是返乡创业、建设家乡的青年，另一类是在此安家落户的异地青年。

②优秀人才，各地都想要，我们用什么来吸引对方呢？各地都有自己的特色和政策，我们的差异点是什么？怎么才能让人才把先进的技术、优秀的经验、丰富的学识留下呢？历史人文、创业环境、优惠政策等是必须提到的内容。

③从需求端看，年轻人的痛点和需求是什么？初步思考，痛点有房价收入比、通勤的辛苦程度、生活交通的便利程度、自然环境的舒适程度、教育医疗基础的完善程度、生活幸福指数等。在这些方面，我们有哪些得天独厚的优势呢？

④年轻人选择一座城，就是选择一种生活方式、一种人生，是信任与托付，也是对未来的笃定和期许。所以，讲话稿要努力提振青年人才对城市未来发展的信心。

⑤面对以青年为主体的人才队伍，用什么样的语言风格能更加

体现真挚的诚意和邀请的姿态呢？

以上是我面对该工作任务的思考思路，写到第五点时，我的框架慢慢搭成。因为从软硬件条件上看，该城市短时间内无法和一线城市相比，所以该城市与年轻人是携手成长的关系。基于此，用"在一起，向未来"这样的逻辑更容易打动人心。

全文以"在一起，向未来"为主题，融入历史人文、生态环境、产业创新、发展前景等内容，基本可以成稿。

撰写这类讲话稿，思路和结构确定后，标题的拟制同样是极大的难点。在公文写作中，标题对仗并不是硬性要求，但是这类稿件需要讲话者口述，即文字的终点不是被呈现在纸面上，而是被讲出来，所以标题需要经过精修、润色，追求对仗工整、朗朗上口的效果。

【学姐唠叨】

撰写这类文章，还有一个很好的思路可以尝试。2014年，华为技术有限公司主要创始人兼总裁任正非首次提出了"一杯咖啡吸收宇宙能量"的理念，大意是通过"一杯咖啡"这种社交载体，实现集体智慧的冲击碰撞，用一个人的思想点燃他人的思想火花，吸收他人的思想形成自己的思想。与全世界"喝咖啡"的华为，对顶级科研人才充满了渴望。那么，在人才启动仪式上，我们可以借鉴这个理念，用结构化排比搭建框架，比如"一张地图凝聚四方合力""一湖秀水汇聚万千产业"。

按时间轴找框架，以心得体会为例

工作中，执笔人经常需要撰写各类读书活动、实践活动的心得体会。撰写这类公文，我们可以尝试按时间轴找框架。

【情境】

> 小白所在的单位组织了"践行雷锋精神"系列主题活动，活动后，小白作为青年代表，需要结合活动内容撰写一篇心得体会，后续公开发言。

面对该任务，小白的苦恼在于，单位组织参观了展览，他确实被陈列的物品、记录的文字深深打动，但是应该怎么用完整的文章表达内心的感受呢？

找不到特别好的框架结构时，按时间顺序组织内容是特别好用且适用面极其广泛的公文写作方法之一。所谓时间顺序，可用公式表达如下。

$$时间顺序 = 过去 + 现在 + 将来$$

比如，参加了"践行雷锋精神"系列主题活动，参观了相关展览馆后，我们可以写出如下所示的内容。

雷锋精神是什么？参加活动前，我脑海中想到的是《雷锋日记》中的那段话："如果你是一滴水，你是否滋润了一寸土地？如果你是一线阳光，你是否照亮了一分黑暗？如果你是一颗粮食，你是否哺育了有用的生命？如果你是一颗最小的螺丝钉，你是否永远坚守你的生活岗位……"

今天，当我站在雷锋像前，我理解了，雷锋精神已作为一种时代象征和信仰感召，深深植根于每一位 ×× 人心中，在一代又一代 ×× 人之间接力传承。

不要担心抒情的语言是不是过多，读出来、作为"发言"呈现出来后，这都是非常真挚的表达。

在主体内容，即如何践行雷锋精神之前，我们可以写一点过渡内容，用"无论是……还是……，无论是……还是……"的排比句式，把本次活动的主体内容概括出来，如下所示。

无论是参观"践行雷锋精神"图片展，还是植下"护绿先锋"团结林；无论是 A 活动，还是 B 活动，都让我感受到雷锋精神已融入血脉，激

励着一代又一代 × × 人敬业奉献、成长成才。

过渡后，分三四个论点，结合业务工作，写自己将如何牢记初心使命、赓续雷锋精神，如下所示。

学习……的理想信念，在……中赓续血脉。

学习……的大爱情怀，在……中勇毅担当。

学习……的崇高品质，在……中淬炼力量。

使用这个方法，一篇结构相对完整的心得体会可以很轻松地完成。

问题 41

立足需求调整框架，以经验材料为例

通过阅读问题 29，大家了解了工作中的基本沟通方法。实践中，还有一种棘手情形需要特别关注——领导有思路、有想法，但是结构安排不合理怎么办？有的执笔人认为，不合理就不合理吧，领导怎么定，我就怎么写。这种态度不可取，要知道，明显不合理的结构安排，有时候是领导工作过于忙碌、考虑不周导致的，如果执笔人没有及时做进一步沟通，可能成稿后，领导发现了问题，公文会被要求推翻重写。

办文人员是领导的参谋助手，不仅要成为好的执行者，还要在必要的时候做靠谱的建议者。

【情境】

小白所在的单位今年的重点工作成果之一是打造了招商引资的 4 种模式。上级部门让小白所在的单位报送一份经验材料，领导

把小白叫过去安排工作并说明框架。领导说的时候，小白同步在本子上记——第一点写营商环境的全面整治为招商工作打下了坚实基础，第二、三、四点分拆写招商引资的模式。

记下领导的要求后，小白感到很困惑，第二、三、四点是并列关系，第一点和其他几点明显不是同一个逻辑关系，领导为什么会要求这么写呢？

根据案例背景分析，小白的领导给出的公文结构安排显然是不合理的。通常情况下，经验材料至少要包括以下几部分内容。

第一部分为开头段：背景介绍＋经验概述＋简要效果。

"背景介绍"是点明模式的创新是基于什么样的工作主题或工作痛点，在什么样的大背景下探索开展的。

"经验概述"是对 4 种模式的摘要和提炼，用一两句话让受众知道是什么模式。

"简要效果"是用一句话概括模式／举措对现实工作有哪些积极影响，通常我们会说"取得了初步成效（如有数据，可简要介绍）"，如果是报告体公文，可以加一句"现将主要经验报告如下"。

第二部分为主体部分：模式介绍 + 创新亮点 +（逻辑关系）+ 工作成效。

经验材料的主体内容通常由模式介绍、创新亮点、工作成效 3 个部分组成，针对小白的情况，因为存在 4 种模式，可以增加一部分内容：4 种模式间的逻辑关系。也就是说，4 种模式是互为补充的并列关系，还是金字塔式关系、流程图式关系，可以单独分段介绍。

另外 3 个主体部分的基本情况如下。

"模式介绍"是经验材料的核心内容，用详细的语言讲清楚模式具体是怎样设计、运行的，针对了什么问题，解决了什么痛点。

"创新亮点"是对模式基础内容的提炼，即这 4 种模式和以前的工作模式有哪些不同，增加了什么功能，破解了什么难题，填补了什么空白。

"工作成效"是 4 种模式运行一段时间后，对重点工作产生了哪些推动作用，取得了哪些直接的工作效果和长远的社会效果。如果有数据和荣誉，可以在这部分呈现。

第三部分为结尾段：经验启示 + 下步计划。

"经验启示"是简要概述模式的提出是源于哪些理论的指导，立足于哪些基础条件，得益于哪些协同配合。

"下步计划"是最后一部分内容，用两三句话概括下一步工作计划。

完整的经验总结或者经验汇报材料，框架结构应该如上所示。那么，为什么小白的领导会提出看起来不太合理的结构安排呢？有以下 3 种可能。

①小白领悟错了领导的意思。营商环境的优化是夯实基础的一个要素，无法构成夯实基础的全部条件，领导说的有可能是"第一点写营商环境的优化这些事儿啊，把基础打好"，"这些事儿"其实是"等"的意思，领导是用"营商环境的优化"做引子，其他夯实基础的要素也要写在第一部分中。

②领导有自己的用意。如果小白跟领导确认后，领导坚持第一部分只写"营商环境的优化"，有可能是因为领导认为在这项工作中，营商环境的优化发挥了巨大的作用，或者在这个阶段的工作中，营商环境的优化做得非常扎实，需要重点突出一下。

③信息不对称。为什么要把招商引资的模式分拆在文章结构

的二、三、四部分中？这个问题困扰小白，有可能是信息不对称导致的。也就是说，有可能是上级部门建议按照这个框架写，因为有时间限制，比如发言时间只有 3 分钟，只能把要点说出来，或者这篇材料的撰写目的是在政务号上发表，这个结构更有利于政务号作图和排版……这些信息，有可能领导知道，但没有告诉小白。

无论是哪种情况，小白都可以跟问一句："要不要把工作成效和下一步计划写进去呢？"这句话的潜台词是"如果罗列 4 个模式，怎么收尾呢"，领导听了，自然能够明白小白的顾虑。

【学姐唠叨】

与领导沟通、确定公文框架是有一定难度的工作，要求执笔人不仅对不同背景、不同篇幅和不同用意的公文结构十分熟悉，还能委婉地表达自己的想法、提出合理的建议。由此可见，成为一个"笔杆子"真的不容易，这不仅是一条写作的路，更是一条思维进阶的路。

根据故事推演框架，以演讲稿为例

如果说上述框架的搭建还有思路可循，接下来要讲的这种框架确实需要依赖经验和"灵感"进行搭建了，思考难度更大。

【情境】

小白在水利部门工作，单位组织演讲比赛，领导安排小白准备一篇演讲稿，争取代表单位得个奖。小白思前想后，自己参加工作只有半年时间，对业务的理解尚不深刻，也没有取得什么亮眼的工作成果，如果把其他同事作为讴歌主体，对方很可能会觉得尴尬，不一定愿意，这可怎么办呢？小白知道要选一个小的切口入手，但是检索了半天，只能找到本地一座历史悠久的桥的故事。

这座桥建于 20 世纪 60 年代，没建桥的时候，附近的村民过河都靠船公摆渡，暴风雨天气，翻船事件时有发生。为了解决村民过河的难题，县水利局计划在河面上搭桥，设计工作由当时年仅 30

岁的老局长负责。因为地形复杂，老局长实地调研多次，才带领村民建了一座结实的双曲拱桥。

根据这座桥的故事，有可能写出一篇优秀的演讲稿吗？小白苦恼极了。

很多执笔人写演讲稿时会遇到类似的困境——不知道写什么。写自己，没什么好写的；写同事，对方不让写；写领导，领导不一定同意。对于小白这类年轻人来说，其实有一个非常好的视角可选择，即观察者视角。既然年轻，就立足于年轻，用观察者的视角，讲述水利事业发展中老、中、青三代水利人的故事。演讲者，就是"讲故事的人"。

按照上述思路，演讲稿的具体框架结构可以设计为先讲老局长的故事，并升华价值；再讲一个"70后"中年水利人的故事，并升华价值；最后讲一个"90后"青年水利人的故事，并总结提升，形成老、中、青三代水利人接续奋斗、精神传承的格局。演讲稿的尾段，可以用连续的排比概括千千万万水利人的重要职责和奉献精神，进一步升华主题。

我选择老局长的故事进行详写，其他故事略去，为大家提供一个可参考的演讲稿范文。

【范文】

在大美镇，幸福河与小康河交汇处有一座十字桥。这座桥从搭建至今已经过了半个世纪。50年前，村民过河需要靠船公摇着小小的船儿摆渡，每逢狂风暴雨，这一叶扁舟就需要奋力保持自己的平衡，与汹涌的河浪进行激烈的搏斗。"建桥！"这是大美镇老支书生前最大的愿望。"建桥！"这是大美镇孩子读书时心心念念的梦想。"建桥！"这是扎在时任县水利局局长、年仅30岁的水利专家王大海心里的一根针。

50年前的大美镇，不像它的名字这般富饶秀丽，这里地形险峻、水深浪急。技术哪里来？钢筋哪里来？一双破旧的黑布鞋踏遍河道每一块石砾，老局长勘探地形后，大胆提出了建"双曲拱桥"的想法。

为了建好这座桥，老局长带队，不舍昼夜，仔细研究图纸中的每一个细节，严格把关施工中的每一颗螺栓。为了建好这座桥，老局长带队，吃住在工地，历时三载，双曲拱桥拔地而起。

你走过多少座桥，就有多少个水利人的故事。这个故事是水土养你一生，你护水土一世；这个故事是几十载青丝白发，笑看绿水青山；这个故事是水利兴仓廪实，天下定百业兴；这个故事是搭桥渡河，渡千家万户，惠千秋万代。

……（接入中年水利人故事）

几十年接力，无数水利前辈把承载着无数情感和记忆的故事，谱成新时代水利人"敢为、敢闯、敢干、敢首创"的精神，镌刻在每一位青年水利人心间。

……（接入青年水利人故事）

故事中的你，精准预测、抢占先机，用血肉之躯对抗潮汐的暗涌；

故事中的你，培堤固防、监测水情，是防汛战线上的"前沿哨兵"。

故事中的你，值守巡查、江河为伴，坚守堤坝数十载，只为万家灯火明。

故事中的你，长渠跨千里、甘泉润万户，用铮铮铁骨写下山水涅槃不朽的史书！

新一代水利人，必将沿着前辈的足迹，坚守为民初心，激扬青春斗志，以水为墨，奋力书写水利事业高质量发展的崭新篇章！

很多执笔人读完范文后，会觉得撰写这样的演讲稿难度太大了，怎么可能学会呢？框架的搭建的确非常耗费心力，但还不完全，在写这篇演讲稿的过程中，除了搭建框架，还有一个难点，即找情绪。整篇演讲稿，从思考到写完，我大概用了 4 个小时，其中有一个小时用来找情绪，即我需要用一种什么样的情绪把这个故事讲好。

　　情绪怎么找？我听了很多音乐。找到合适的音乐很重要，小家碧玉的音乐、过于激昂的音乐都不合适。千千万万个水利人为水利事业奉献，想要让文字呈现饱含家国情怀的情绪，就要找到合适的音乐，顺着感情写下来。针对以上演讲稿，在我的公众号"陶然学姐"中有视频分析和演讲示范。当时，演讲稿发布后，很多读者留言说听得潸然泪下，这是因为在写作时，我真的倾注了感情。

　　倾注了感情，写出来的文章就不会假。

【学姐唠叨】

　　因为我对水利行业了解不足、认识不深，对岗位职责的表述有可能不够准确，所以主要讲解如何以观察者的视角、讲故事的方式寻找框架思路，关于行业专业知识，还请相关行业的读者批评、指正。

第 7 章

语言平实，事务性文种的写作痛点

前文，我们用大量的篇幅从字、词、句、段、结构等方面入手，对公文写作基础知识进行了讲解。本章，将进入对公文写作技巧的综合运用的介绍，即详细介绍具体文种的撰写技巧。

　　工作中，常见的事务性文种有两类，一类是语言平实的事务性文种，如工作简报、工作总结、讲话稿等；另一类是浓墨重彩的事务性文种，如演讲稿、宣讲稿、征文等。本章着眼于执笔人写作中常见的痛点，结合实践经验，进行详细分析讲解。

问题 43

通讯稿要求成稿快，写作速度慢怎么办

　　工作中，我们通常把通讯稿作为公文写作的入门稿件，也就是说，职场新人的公文写作生涯通常是从撰写通讯稿开始的。这类文章，在实践中有不同的称谓，有的叫"新闻稿"或"信息稿"，还有的叫"动态信息"或"政务信息"，各单位通常会设置专职或兼职的信息员岗。如果对这个文种没概念，大家可以打开本单位的内网，页面上"领导动态""基层动态"内的公文都属于这个文种。

　　既然是"动态"，我们需要明确，通讯稿最大的特点是"短、平、快"。因为篇幅短，通常只有一页纸，最多一页半纸的内容，所以这类公文俗称"豆腐块文章"。为什么通讯稿要求"快"呢？因为这类公文通常有即时性的要求，比如领导来视察工作、召开重要会议、任免干部、举办大型活动，通常在当日，最晚次日，稿件就要在网上刊登。

　　基于以上特点，执笔人撰写通讯稿时遇到的第一个难题很可能

是"要求快，写得慢"。

我记得自己 20 多岁刚参加工作时，很多领导对我的评价是："她写稿特别利索！"比如，随领导去调研或者任命干部，下午 4 点钟会议结束，我在返程的路上基本就能把稿件写完。领导回到办公室，喝口水的工夫，我已经把稿子打印出来拿给他审阅了。这类稿子比较简单，领导复核后很快就可以发起审批流程。

为什么这么着急写呢？那个时候年纪小，我并不知道通讯稿需要"短、平、快"，甚至不知道自己写的这类稿子属于哪个文种，只是在非常单纯地盘算时间——4 点散会，5 点到单位，6 点半约了朋友聚餐，一定要争取不加班。

那么，我是怎么做到的呢？

通常，我在收到工作任务之初就着手准备。比如，今天有一个任命活动，那么我会把近一年单位网站上的所有任命信息都收集来，了解一下同类公文的大体框架。针对目标活动，有部分信息是需要确认的，比如参会领导的职务、领导排位的先后顺序……不清楚的地方，我会提前请教、沟通。

这样，出发前，我基本已经完成了目标通讯稿三分之二内容的写作，只剩下"领导提出的要求"和"新任干部的表态发言要点"需要"填空"。

到达现场后，如果方便沟通，我会要一份新任干部的表态发言稿，方便汇总、提炼。

返程路上，把领导提出的要求补充进去，捋顺句子、校对、修改低级错误并复核，一篇简单的通讯稿就完成了。

复盘一下，在这个"快速"的过程中，哪一步是关键变量呢？是"把近一年单位网站上的所有任命信息都收集来"。对于刚参加工作的职场新人来说，每个文种都是全新的，没写过，不代表写不了。每个常规工作，单位内网，或者上级单位的网站上都会有很多同类型稿件可以参考。参考的过程，用书面语言说，叫作"总结共性、梳理要点、提炼规律"，俗称"照葫芦画瓢"。

【学姐唠叨】

写通讯稿，容易踏入两个误区。一是检索素材时总是习惯"百度一下"。各单位的撰文要求不同，本单位已经刊发的稿件是经过领导审阅、认可的，是最好的参照，不要舍近求远。二是习惯性拖延。接到一项工作，不是抓紧时间筹备，而是带着"鸵鸟心态"，焦虑地进行所谓的"心理建设"，拖到第二天领导催促，不得不写的时候，才开始撰稿，难免忙中出错。

问题 44

同一个工作，如何变着花样写通讯稿

如果对通讯稿进行简单分类，问题 43 中介绍的通讯稿可以划分入"即时类"，内容主要围绕领导的行程、会议、活动等，对时间的要求特别高。在工作中，还有一大类通讯稿，即"专项工作类"，内容主要是在一定时期内围绕一个专题报送自己单位的具体举措，上级单位的网站通常会为这类通讯稿开辟专栏，即"各地动态"。这类通讯稿的写作痛点是"一个素材反复写，直到写无可写"。

【情境】 🖊

　　小白所在的单位落实上级部门要求，开展"惠企便民专项行动"，各单位信息员要结合工作开展情况报送通讯稿，每周至少报送 2 篇。小白是这项工作的责任人，每天都在发愁，已经写了好几篇了，工作措施都写透了，还能写什么呢？

在本书的撰写过程中，无论是介绍检索方法的深度运用，还是介绍框架结构的思考搭建；无论是分析公文写作全局观的建立，还是分析宏观、微观结构的调整，我努力地在提高大家对逻辑思维的重视。"同一个工作，如何变着花样写通讯稿"这个问题，同样是一个逻辑问题。

如果用惯常思维，盯着单位的举措写稿，那么少则 2 篇，多则 4 篇，思路就会枯竭，即最多写完两周的稿，工作就会陷入僵局。那么，我们怎样才能改变"头痛医头、脚痛医脚、指哪打哪"的思维，用系统性思维去思考撰稿方向呢？接下来介绍两种可以落地、实操性强的方法。

方法一：围绕时间、业务进行发散。

开展工作时，我们可以顺着两条逻辑线去发散思维，寻找写通讯稿的角度，如下所示。

时间的逻辑线：动员部署→初步落实→经验做法→回头看（复盘）→创新举措。

业务的逻辑线：近期重点工作→日常工作→下一步工作→特殊节点。

以情境中的"惠企便民专项行动"为例，按照时间的逻辑线发散思维，小白可以围绕素材写出至少 5 篇通讯稿，见表 7.1。

表 7.1 按照时间的逻辑线发散思维

时间的逻辑线	通讯稿内容
动员部署	单位召开动员部署大会、组建领导小组、制定实施方案及考核方案，工作有序推进
初步落实	单位结合实际业务工作，推出各项举措，呈现多点开花、亮点纷呈的效果
经验做法	选取工作举措特别优秀的 1~2 个单位，提炼工作经验，形成模式抓手
回头看（复盘）	多用于撰写专项整治及整改落实情况，对前期工作进行总结、复盘。比如，召开座谈会这件事本身就可以作为报送素材
创新举措	全面梳理单位的系列措施，提取具有创新意义的措施，形成精品案例

按照业务的逻辑线发散思维，小白可以围绕素材写出至少 4 篇通讯稿，见表 7.2。

表 7.2 按照业务的逻辑线发散思维

业务的逻辑线	通讯稿内容
近期重点工作	比如，近期重点工作是考核，那么，可以把"惠企便民专项行动"的开展情况纳入考核体系，从完善考核激励制度、深化成果运用的角度写
日常工作	汇总日常各部门报送的工作，选择和"惠企便民"相关的工作撰写通讯稿

续表

业务的逻辑线	通讯稿内容
下一步工作	比如，单位拟开展法治化试点工作，那么，可以从这个角度切入，写在"惠企便民"工作中如何开展提供法律援助、守护营商环境等活动
特殊节点	比如，本地近期拟举办"招商引资人才发展高峰论坛"，那么，可以从人才引进、政策解读、提升服务等角度切入，写惠企便民举措

通过上述逻辑分析，我们可以看出，无论是按照时间的逻辑线发散思维，还是按照业务的逻辑线发散思维，这种方式仅适用于为贯穿全年的专项工作撰写通讯稿，即从年初写到年尾，依然解决不了工作开展初期，小白每周至少报送 2 篇通讯稿的问题。接下来，我们看看第二种发散思维的方法。

方法二：看专栏文章，辅助发散。

找不到撰写思路的时候，大家可以选择翻看网上相关专栏中已经刊登的动态信息。通常来说，上级单位部署一个专项工作，各地、各单位都会同步组织开展，此时，不仅要浏览本地的上网信息，还要多看平行省市、兄弟单位的专栏。这样，思路会得到更多的发散。

以"惠企便民专项行动"为例，通过网络检索，我们可以找到很多发散角度，比如，对小微企业上门纾困，对"专精特新"

企业开辟绿色通道，加强信息化建设、利用大数据赋能，实施窗口通办，制作便民手册，开通便民热线，开设"办不成事"窗口等。

检索的目的不是照搬照抄，而是提醒与发散。很多时候，本单位一样不落地做了工作，但是会因为意识不到、提炼不出、结合不好，陷入看起来"什么都没干"的困境，执笔人要努力规避这种情况。

【学姐唠叨】

还有一类文章，比如评论文章，很多执笔人不知道该写什么。这类文章不属于通讯稿，但是写作思路与通讯稿有相通之处。执笔人可以立足本职工作，结合时下热点话题，比如"村BA""蹭老式消费""网红城市""高铁静音车厢""流量经济"等，找到无数撰写方向。

为什么写工作简报对执笔人而言特别重要

执笔人熟练掌握通讯稿的写作技巧后，领导通常会开始安排工作简报等公文的撰写工作。工作简报的撰写频率很高，但写好并不容易。

我们来看看工作简报的作用。工作简报主要用来反映情况、沟通信息、交流经验。通过撰写工作简报，执笔人可以向上级部门反映工作情况，让上级部门了解本部门某一阶段或某个专项工作的开展落实情况；同时向下级单位传达信息，让下级单位知晓工作总体思路、进展，更好地推动工作。

为什么说写工作简报对执笔人而言特别重要呢？

 ## 1 避免"只埋头干活，不抬头看路"

很多执笔人经常在工作中陷入内耗，比如"明明我做了这么

多工作，领导为什么看不到""领导难道不知道我的工作量有多大吗"等。事实上，领导每天忙于协调大小事务，如果不主动汇报、沟通，执笔人遇到的很多工作困难、做出的很多工作成果，领导真的不知道。同理，一个单位或部门开展了哪些工作，有哪些优秀举措，取得了哪些工作成果，需要及时通过写工作简报的形式让上级、下级知晓，避免出现"只埋头干活，不抬头看路"的情况。

 是公务员考试、遴选笔试的考察文种

为什么公务员考试、遴选笔试会选择工作简报作为考察文种呢？我认为，从篇幅、难度和对综合能力的反映程度上看，工作简报都非常适合作为考察文种。它不像通讯稿，按照写记叙文的思路，把时间、地点、人物、事件、要求等要素写齐全就可以基本过关；也不像工作总结等文章，篇幅过长，不便在试卷上展现。一篇工作简报，可以小中见大，让考察者通过执笔人写标题、结构、句子的扎实程度判断执笔人的综合写作能力。

③ **是执笔人展示个人能力的机会**

从功利意义上讲，职场新人展示自己的综合能力并脱颖而出的方法有以下几种：参加演讲比赛、征文活动并获奖；写出一篇优秀的领导讲话稿；所写的工作简报受到上级部门的充分肯定。也就是说，在暂时无法驾驭领导讲话稿等难度较大的长篇公文的撰写时，撰写有对外报送特点的工作简报成为执笔人展示个人能力的重要机会。不过，每件事情都有正反两面，执笔人要特别注意，写得好，可以让更多的人知晓你的能力，写的质量不过关或出现低级错误，影响范围也会较大。

如何区分通讯稿和工作简报

工作中，常见的工作简报有如下几种类型。一是围绕某一会议的筹备召开、讨论决议、学习贯彻情况撰写；二是对工作中形成的经验做法进行汇总提炼；三是对某项工作的最新动态进行整理。

因为篇幅较短，难度不大，通讯稿和工作简报是执笔人开始从事公文写作工作时最常接触的两个文种，两者有逻辑上的衔接关系，但是也有很大不同。

我们看以下 5 个标题，一眼看过去，能不能区分哪个是通讯稿，哪个是工作简报呢？见表 7.3。

表 7.3　通讯稿及工作简报的标题示例

序号	标题
1	《大美县举行普法宣传月启动仪式》
2	《作风建设专项工作领导小组召开第五次会议》

续表

序号	标题
3	《大美中学第三党支部开展主题党日活动》
4	《大美镇深入推进"党建+"模式，以组织振兴引领乡村振兴》
5	《大美集团实施"导师制"培养模式，加速搭建高精尖人才培养体系》

分析表 7.3 中的 5 个标题，很容易发现，前 3 个标题属于一类，更像"通讯稿"；后 2 个标题属于一类，更像"工作简报"。根据实践经验，如果围绕某一项工作的开展情况撰写公文，通讯稿和工作简报主要有以下几点差异，见表 7.4。

表 7.4　通讯稿和工作简报的差异

差异点	通讯稿	工作简报
目的	传递即时的工作信息，客观、准确地记录工作动态	向上级部门反映工作情况，让上级部门了解工作成效；让下级单位知晓工作部署，更好地推动落实
时效性	对时间的要求非常高，通常会在当日或次日出现在单位网站上	介于通讯稿和总结类公文之间。落实会议精神类的工作简报更强调时效性；总结工作阶段性成果的工作简报通常是在工作开展一段时间后撰写
篇幅	较短，通常在一页纸到一页半纸之间	介于通讯稿和总结报告类公文之间。根据撰写内容，套红头后为 2~4 页纸，3 页纸的情况居多

续表

差异点	通讯稿	工作简报
结构	通常分为 3 个小段，也有仅一段或两段的情况，把时间、地点、人物、事件及领导提出的具体要求写清楚即可	缩小版的工作总结，通常会使用多层级标题。开头部分概述工作开展的背景、举措和成效，正文部分分 3~4 点呈现具体的工作落实情况。如果工作开展有特色、亮点，可以单独予以强调

　　工作中，如果领导说："针对这个工作写个信息。"而执笔人判断不清楚具体应该写成哪种类型的信息，一定要跟问一句，防止全面返工。关于工作简报的主体内容应该如何撰写，参见第 5 章。

问题 47

工作总结素材太多，如何驾驭

工作总结是执笔人经常要写的、有一定难度的长篇公文之一，包括具体工作落实情况的总结、单位半年度和年度工作总结、个人转正或年度工作总结、干部考察 3 年工作总结等。

以个人为主体的工作总结通常有标准格式，执笔人根据单位的要求，结合个人述职的内容，基本可以顺利完成。本节主要针对以单位为主体、篇幅较长、对一段时期以来工作开展情况进行总结和归纳的工作总结进行撰写技巧分析。在撰写工作总结的过程中，执笔人经常遇到以下难题、痛点。

 1 工作内容特别多，不知道应该如何分类概括

很多执笔人第一次撰写以单位为主体的工作总结时，觉得内容特别多，且各部分内容之间没有什么联系，删掉哪部分内容都不合适，通读一遍各部门提供的素材就要用近一天的时间。

【情境】

　　小白在基层工会工作，已收齐各部门提交的素材，准备着手撰写单位的工作总结。小白粗略地看了一下，素材中有组织建设、党建工作、推树先进典型、赛事活动宣讲、职工福利保障、财务工作、机关日常工作等诸多内容，如果逐个罗列，每个部门的工作拥有一个一级标题，整篇工作总结会有十大部分，而且，有的部分比较充实，有的部分则因为篇幅较短而分不出层次。

　　为什么看工作总结的素材时会感觉千头万绪、难以驾驭？我仔细思考了一下，可能很大程度上是因为执笔人的日常工作是应付"件儿活"，即来一件干一件，没有对本职工作进行深度思考的意识。参加公文写作培训后，有学生反馈："我不知道该怎么思考我的工作，需要思考些什么呢？"其实很简单，可以问自己一个问题："此刻，能不能准确说出自己所在部门的职责？"如果工作了3年，却无法准确描述部门的职责定位，很可能是陷入了大量事务性工作，思考意识逐步退化了。

　　在撰写工作总结的过程中，如果分不出大类，我们可以尝试做如下处理。

　　第一，研究上一年度的工作总结。

执笔人可以看一下去年已经通过审核的工作总结，看看各项工作是怎样划分的。这种划分逻辑具有延续性，如果领导要求"今年换个写法"，可能是框架设计需要更加新颖，亮点、重点、经验需要更加突出，每项工作的归属几乎是不会变的。比如，"建立健全工会工作考核、评价和激励机制""提升工会干部队伍整体素质"等内容，无论框架怎么变，都属于"工会自身建设"。

第二，研究部门介绍。

很多部门的墙上，或者单位内网的主页中，有"部门职责介绍"等内容，有的单位还会发《新人手册》。因为和完成日常工作任务不直接相关，很多执笔人平时几乎不会留意这些内容。其实，稍微研究一下部门介绍，大家就会明白如何划分自己所属单位的工作。

第三，合理检索，对标同行业做法。

在第 1 章中，我介绍了检索方法的深度运用，其中有一个方法是"一张图"检索。如果执笔人的思考能力不足，很难靠自己梳理清楚工作职责，可以研究一下同行业其他单位对工作职责的划分。各单位的政务号通常会在年底发布一篇文章，名为《一张图读懂工作报告》，执笔人检索数十篇这样的文章后，即可摸索出工作划分的规律。

回到情境本身。行政区域或业务范围非常大的单位，可以用较多的一级标题覆盖全年的工作。小白所属单位是基层单位，那么，整篇工作总结分为五六个部分较为恰当，如下所示。

一、深化主题教育，创新宣传载体，职工团结奋斗的思想基础进一步夯实

二、服务中心大局，培育先进典型，产业工人队伍建设改革取得积极进展

三、丰富服务资源，精准帮扶纾困，职工群众的幸福感和安全感不断提升

四、夯实基层基础，深化改革创新，工会组织的凝聚力和战斗力显著增强

五、聚焦自身建设，提升服务能力，工会干部队伍向职业化、专业化迈进

【学姐唠叨】

这组标题是三段式标题，句子比较长，为大家介绍将一项工作总结为一个一级标题的写法。实际工作中，我较少使用三段式标题，以使用两段式长标题为多。此外，执笔人在撰写工作总结等公文时要特别注意，尽量不要使用"夯实基础"等四字短句，将标题拉长，整篇公文的格局才能放大。

② 具体举措特别杂，不知道应该如何提炼要点

撰写工作总结的难点是，不仅素材数量多，而且各工作内部的举措又细又杂，逐条用"一是……；二是……；三是……"列举，很容易写成流水账；分类分层，又很难分出来。

【情境】

小白负责撰写工会工作总结，领导看了初稿后说："'关爱职工'这部分太乱了，要重新理一理。"小白的初稿是怎么写的呢？节选如下。

三、多措并举关爱职工

一是精心做好关爱活动。工会进一步扩大慰问范围，提高慰问金发放标准，共慰问环卫工作人员、幼儿园工作人员、社区工作人员、绿化养护工作人员、建筑工人等400余人，发放慰问金50万余元。

二是推进困难职工帮扶救助工作。工会做精做细困难职工帮扶工作，"一户一档"建立帮扶档案，确保底数清、情况明。全年共计慰问困难职工30余人，发放专项帮扶资金15万余元。持续开展低收入职工入户走访核查工作，针对性解决职工就医、子女入学等现实需求。

三是推进户外劳动者驿站建设。工会与交警大队联合在交通岗

225

亭创建服务站点，配备饮水机、空调、取暖炉、充电插座等设施和设备，打造"能喝水，能乘凉，能取暖"的"户外劳动者驿站"。

四是关心关爱女职工，维护女职工合法权益。在"三八"国际劳动妇女节期间，为百名环卫女工发放慰问品，举办女职工读书分享交流会和"一封家书"有奖征文活动。10月，为进一步关爱女职工身体健康，为60名环卫女职工、保洁员进行健康体检。

五是做实做细职工医疗互助，缓解职工医疗负担。深入开展职工互助保障知识宣传，互助金额130万余元，累计报销80人次，金额达20万余元。

小白也曾尝试分类，从"人"的角度分，可分为"关爱职工本人""关心职工家属"和"帮扶困难职工"。但是再思考一步会发现，使用这种分类方法，有如下两个问题。

第一，彼此之间存在交叉。比如，"关爱职工本人"中的"职工本人"可能包括困难职工。

第二，这3个部分本质上在同一个层面，都是"关心关爱"层面。

出现这种情况，说明思考逻辑有问题。想一想，我们复盘一项工作的开展成效时，经常会如何说呢？如，形式多样、内容丰富、有针对性、有创新性……其实是在从不同的维度入手评价同一事物。

我们用代入角色的方法发散思维，针对"关心"这件事情，怎样的关心才是"周到"的关心呢？我们关心父母时，会给父母送上比去年更大的红包、会关心父母哪里不舒服，甚至帮助父母翻新老家的房屋。转移到公文上，这份关心"数量更多""更加精准"，且更侧重"硬件的提升"。

我们换个角度思考，如果让你负责考核"关爱职工"这项工作，你会设置哪些考核指标呢？仅设置"关爱职工本人""关心职工家属"和"帮扶困难职工"这 3 个指标显然是不合适的。即使不检索资料，凭借基础认知，我们也应该想到，至少要从"覆盖人数""帮扶形式""帮扶数量""创新举措"等维度入手考核。

我们顺着这个思路回看小白的初稿，会关注到如下短句，比如"扩大慰问范围""提高慰问金发放标准""做精做细""针对性解决""累计报销""金额达……"，从中可以提炼出关键字"广""高""精"。此外，根据小白的初稿，我们得知，今年工作中还有一个硬件建设，即"户外劳动者驿站"，转化为公文语言就是"服务阵地"。如此一来，可以将工作梳理为如下 3 个层面，将内容对应地放进去。

一是资源供给覆盖面更广。

二是帮扶对象更加精准。

三是服务阵地提质升级。

【学姐唠叨】

　　各单位的工作要求和撰文习惯不同，使用这个例子，仅仅是想呈现一种提炼、总结方法。如果本单位的习惯做法就是按照"慰问职工""帮扶困难职工""关爱女职工"的逻辑来汇总梳理，那么参照本单位的惯例撰写新稿即可。

问题 48

统稿人如何收取高质量素材

这个问题一直让很多执笔人感到困扰。都说"巧妇难为无米之炊",如果收到的"米"不好,怎么做出好吃的饭呢?针对这个问题,我有以下几点体会。

 1 不要等,尤其是不能等收齐素材再动笔

有的执笔人参加工作的时间较短,经验不足,领导安排他承担统稿工作时,他会先收齐素材再动笔。殊不知,在实际工作场景中,总会出现各种各样的问题,导致截止日无法收齐各部门的素材。这个道理很简单,就像我们上学时一样,几乎每个班级都会有由于各种原因迟到、请假的学生。因此,如果执笔人先收齐素材再动笔,会让自己非常被动,有可能无法在规定的时间内写完公文,还有可能等了很久后,收集的很多素材因为质量不达标而无法直接使用。

因此，执笔人和领导沟通确定写作思路后，最好立刻动笔，先把框架搭好，把能通过检索、询问和思考完成的内容写完，这样，收齐素材后，再把缺省的数据、内容填进去就可以了。

✎② 尽量给他人"减负"，去掉繁文缛节

工作中，有些情况要求各单位必须报送完整的公文，比如工作总结、工作思路等，这是每年都有的例行工作，各单位通常会归档留存过往文件，有模板可使用。

还有一些工作则不同，统稿人可能只是需要数据或案例的支撑，不需要完整的公文素材。遇到这种情况，执笔人可以提前制作表格模板，要求对方直接填写，见表 7.5。

表 7.5　收集素材的表格模板

内容	形式	数量	简要做法	创新亮点
宣传动员部署情况	制定方案／召开动员会等			
制度建设情况	纳入考核／建立廉政档案／召开述职述廉会议／建立奖惩激励机制等			
教育宣导情况	组织培训／廉政党课／演讲比赛／知识竞赛／书画摄影比赛／参展观影活动等			

此外，还有一种情况，执笔人可以要求各部门认领不同板块，先分头写，再汇总、完善。

无论哪种情况，执笔人要把握一个原则：能要部分数据，不要整篇公文。因为撰写完整的公文费时费力，若站位不同，很多表述无法直接使用，还需要用大精力改写，对双方的精力都是损耗。

 3 关注重点单位、重要事项的稿件

在统稿工作中，有个"强者恒强"规律，即若某单位业务考核排名靠前，它提交的文字材料的质量通常也是遥遥领先的。实际工作中，统稿人汇总情况时，大多会根据内容质量选择部分单位的举措放入汇总稿，不会眉毛胡子一把抓。所以，对于重点单位和重点事项的稿件，执笔人可以尝试沟通时间，尽早拿到。如果质量过关，有时甚至可以将整个段落直接纳入汇总稿，这样，撰写汇总稿的速度会快很多。

讲话稿写不好的底层逻辑是什么

在所有公文中，我认为讲话稿是撰写难度最大的公文。有的执笔人可能觉得工作总结不好写，因为汇总难，或者认为调研论文不好写，因为篇幅长。相较于讲话稿，其他公文材料有一个共同的特点，即更多地依赖逻辑的条理性和文字的扎实度。讲话稿则不然，除了考验执笔人的综合文字能力，还考验执笔人的情商。

如果不好理解，我用年轻人更为熟悉的事物来解释这一点。我们日常网上冲浪时，经常会看到某观点的评论区有大量类似的评论："哇，你就是我的互联网'嘴替'！"为什么受众会给出这样强烈的反馈呢？因为对方的话说到了他的心里，人与人之间产生了共鸣。当对方的语言风格、语言分寸和语言习惯符合自己的心意时，交流会顺畅很多。

讲话稿的写作便基于此。在《从零开始学公文写作》中，我介绍了讲话稿的应用场景、文字风格、撰写过程等内容，但是在工作实践中，我发现有的执笔人动笔前依然没有体系化的思考逻辑。因此，本节，我用图形对讲话稿全局观的建立过程进行呈现，如图 7.1 所示。

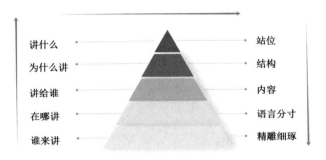

图 7.1　讲话稿全局观的建立过程

【情境】

小白所在的单位要召开招商工作会议，主任安排小白撰写一篇领导讲话稿。接到任务，小白的第一反应是：领导讲话，讲点什么好呢？

根据图 7.1，我们可以发现，小白的第一反应"讲点什么好呢"在三角形的左侧最上端，即该思考环节应该为思考的中间环节，而非起始环节。撰文时的思考逻辑、顺序不对，往往是领导不满意、反复沟通、反复修改的根本原因。

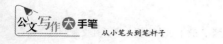

那么，正确的思考逻辑、顺序是什么呢？

第一步，明确"谁来讲"。

领导说："来，小白，写一篇领导讲话稿。"小白的第一反应应该是"谁来讲"。如果领导交代完任务，匆匆赶去开下一个会，小白应该立刻跟上去追问一句："是哪位领导讲话呢？"为什么要首先明确这个问题？因为这个"谁"确定了讲话稿的主体。不同的人讲话，有不同的站位、风格和习惯。

第二步，明确"在哪讲"。

确定这个要点，本质上是为了确定这篇讲话稿的应用场景。是本单位会议，还是上级部门组织的汇报会？是工作部署会，还是思想动员会？场景不同，内容不同。

第三步，明确"讲给谁"。

这一点是在框定讲话的受众。这篇讲话稿，是讲给全体员工听，还是讲给全体领导干部听？是讲给各部门一把手听，还是讲给处级以上领导干部听？受众范围非常重要，如果受众范围确定有误，讲话稿一定会被要求返工重写。我对其中的区别进行列表展示，见表7.6。

表 7.6　受众范围及对应的讲话侧重点

受众范围	讲话侧重点
全体员工	侧重全员视角，逐层讲落实，落脚点是全体员工应该怎样做
各部门一把手	侧重领导干部如何率先垂范、各部门如何协同配合，以及平行单位之间的对比情况。讲话稿要更加强调各级领导责任，因受众范围小，内容可以更加直白，指出问题可以更加严厉
仅有内部人员	关起门来，领导可以讲得更为深入、批评可以更为直接
有外部单位参加	讲本单位经验时要谦虚，点本单位问题时要尽量弱化、委婉
有群众代表参加	减少使用行业专业术语，要让群众听懂，拉近与群众的距离，切记，用词不能有居高临下的感觉

第四步，明确"为什么讲"。

这一点是在明确这篇讲话稿的写作背景，即这项工作的来龙去脉。比如，市里召开了一个招商大会，表扬了 A 县，批评了 B 县，两位县长回去之后，都要针对这件事情开展本单位的推进会，显然，这两篇同一主题的讲话稿，讲话内容和语言风格是完全不同的。

第五步，明确"讲什么"。

到这一步，才会涉及情境中小白的第一反应：讲点什么好呢？很多执笔人撰写讲话稿时经常出现所写稿件不合要求的情况，很可能是因为缺省了前四步思考，导致讲话稿写出来谁去读都行，应用在什么场景中也都行。

以上五步都完成后，才转到三角形的右侧列，思考站位、结构、内容、语言分寸，以及写完后进行精雕细琢。这就是撰写讲话稿的底层思考逻辑。

执笔人刚开始驾驭重要公文时，一定要按照这个逻辑梳理思路，甚至可以用纸笔帮自己明确每一步思考过程。经验丰富了，这个思考过程会非常快，可能就是一瞬间的"感觉"。这也就是为什么执笔人去请教资深"笔杆子"时，有些"笔杆子"会说："就是感觉啊，很难说清楚。"并不是"笔杆子"不愿意分享经验，而是因为思考过程真的太快，自己都没有留意到每一个环节。

在讲话稿中引经据典，有什么常见错误

在《从零开始学公文写作》中，我分享了写完公文后的复核技巧。撰写讲话稿这类公文后，除了要按照复核要点进行全面复核，还有一个要特别注意的点，即对"引经据典"的内容进行二次确认。

撰写讲话稿时，有时为了更加形象地说明问题、升华主题，执笔人会在段落的开头引用诗文或典故，这些诗文和典故，经常成为公文中最容易被忽视的"硬伤"。

【情境】

马上到教师节了，小白所在的单位准备开展"关爱乡村教师"慰问活动，感谢驻村教师长期扎根乡村、辛勤耕耘，在乡村振兴工作中积极奉献、担当作为。

领导安排小白拟一篇现场讲话稿。小白想，既然是慰问，开篇

最好引用一句诗，于是开始检索和"桃李""蜡烛"相关的诗句。

千选万选，小白决定在开篇使用"令公桃李满天下，何用堂前更种花"这句诗。

在问题 27 中，我说过，有时候，写文章需要关注情绪的连贯性，也就是文字的节奏感。在撰写需要情感张力的公文时，如果感觉段落中间最好有一句诗文或一个典故，可以先调取脑海中的原始储备，写完初稿，复核时，再针对全文引用的内容确认以下事项。

第一，复核引用诗文 / 典故的全文，对诗词进行全文翻译，这样才不会断章取义，发生理解错误。

第二，复核引用诗文 / 典故的作者、出处、时代背景和创作场景，这样才能在意思正确的基础上确保场景合适。

根据情境，我们了解到，小白引用诗句的目的是在教师节时体现节日氛围、表达对驻村教师的关心和慰问。"令公桃李满天下，何用堂前更种花"这句诗是诗人在什么背景下创作的呢？通过检索，我们发现，该诗是唐朝著名诗人白居易所写，全文如下。

《奉和令公绿野堂种花》

绿野堂开占物华，路人指道令公家。

令公桃李满天下，何用堂前更种花。

这首诗的释义如下。

绿野堂前占尽了万物的精华，花开得特别艳丽，路人指着宅子说这是裴令公的家。裴令公已经桃李满天下，为世人所敬仰，哪里需要在堂前种植桃花、李花呢？

诗文中，"桃李"代指学生，"绿野堂"代指唐代裴度的居所。"裴令公已经桃李满天下，为世人所敬仰，哪里需要在堂前种植桃花、李花呢？"表达了对老师桃李满天下、芳名远播的赞美。

单独看这首诗，的确是表达对老师的赞美，但是结合情境中讲话稿的使用场景，这首诗用得明显不合时宜。乡村一线教师生活条件、工作环境艰苦，基础设施落后，但是他们依然坚守教育初心，扎根乡村沃土，在日复一日的平凡岁月中默默耕耘。此情此景，与诗文的前两句及诗人的创作场景是不匹配的。

类似的错用情况还有很多，比如，"先生之风，山高水长"应用于缅怀、悼念场景，不应用于寒暄、赞扬场景；又如，"桃李不言，下自成蹊"比喻为人品德高尚、诚实、正直，用不着自我

宣传，就自然受到人们的尊重和敬仰，不应用于自夸场景。

【学姐唠叨】

　　小白的问题在于仅凭刻板印象用诗词，感觉"桃李""蜡烛"都是用于赞美老师的物象，便不结合上下文和实际场景，直接引用相关诗词。类似的情况还有很多，比如"春蚕到死丝方尽，蜡炬成灰泪始干"原本表达的是诗人的离别之苦、重聚之难，现在经常误用于赞扬呕心沥血、鞠躬尽瘁的敬业精神。如果执笔人本身的文学素养不够深厚，或者在引经据典时经常"拿不准"，用简单、不易出错的短句即可，比如"金秋九月，桃李满园""年年桃李，岁岁芬芳"等。

　　此外，还有一类引用错误，是上下句表达的情绪出现衔接矛盾，比如"在这映日荷花别样红的季节，对顶着炎炎烈日前来参加活动的各位嘉宾表示热烈的欢迎"。

　　"映日荷花别样红"让人感受到的是夏日的美好，"顶着炎炎烈日"则是为了说明前来参加活动的嘉宾"不辞辛苦"，情绪对冲，受众听起来会非常别扭。

给不同职级的领导写讲话稿，如何转换风格

　　工作中，我们经常遇到需要围绕同一主题为多位不同层级的领导准备讲话稿的情况，比如，活动启动仪式上，本单位的"一把手"要致辞，需要准备一篇讲话稿；如果邀请了上级部门的领导出席，还需要再准备一篇站位更高的讲话稿。这种工作，对执笔人工作的思考深度及语言的驾驭能力而言，是非常大的考验。

【情境】

　　小白所在的单位准备举行 2023 年教师节庆祝活动，向奋战在教育一线的广大教师和教育工作者致以节日的问候。小白负责领导讲话稿的撰写工作，针对领导讲话稿，主任只提了一句，要把"高度重视教育"写进去。

　　节选小白为领导准备的讲话稿部分内容如下。

【初稿】

区委、区政府高度重视教育工作，全力提升教育办学水平，不断在深化教育改革上、教育资源供给上、提高教育质量上狠下功夫，强化学校周边环境卫生、食品安全、交通安全管理，常态化开展校园周边秩序专项整治，营造和谐有序的校园环境。

整体看，小白写的初稿还可以，句子是过关的。但是仔细分析可发现，初稿中的内容对应哪个区的工作都没问题，看不出"高度重视教育工作"的举措和成果。我们尝试修改一下。

【修改后】

区委、区政府始终坚持把教育摆在优先发展的位置，全力提升教育办学水平，持续扩大优质教育资源供给，教育结构进一步优化，办学条件全面改善，教育质量持续提升。

今年以来，我区先后实施"校园卫生百日先锋"工程，开展"平安守护校园秩序"专项整治行动，推进"一粒米"食品安全专项工作，群众对教育工作的满意度不断提升。

成绩的取得，是各级党委、政府高度重视的结果，是社会各界助学兴教、鼎力支持的结果，更是全区广大教师和教育工作者奋力拼搏、辛勤耕耘的结果。

如果需要再给上级部门的领导准备一篇讲话稿，可以调整如下。

【调整后】

教育是国之大计、党之大计；教师是立教之本、兴教之源。市委、市政府始终坚持以习近平新时代中国特色社会主义思想为指导，把教育事业放在优先发展的战略地位，全面实施教育质量提升计划，坚持不懈深化教育改革，教育质量稳步提升，教育发展成效显著。

为了更清晰地展示同一意思不同站位的表达，我用表格的形式做了进一步分析，见表 7.7。

表 7.7　同一意思不同站位的表达

初稿	第一次拔高	第二次拔高
高度重视教育工作	始终坚持把教育摆在优先发展的位置	把教育事业放在优先发展的战略地位
在深化教育改革上、教育资源供给上、提高教育质量上狠下功夫	全力提升教育办学水平，持续扩大优质教育资源供给，教育结构进一步优化，办学条件全面改善，教育质量持续提升	全面实施教育质量提升计划，坚持不懈深化教育改革，教育质量稳步提升，教育发展成效显著

通过对比可以发现，给不同职级的领导写同一主题的讲话稿时，写出差异且符合讲话者身份的关键要素有以下几点。

第一，站位越高，视野越广。本单位领导应该重点介绍今年以来的举措，如"今年以来，我区先后实施'校园卫生百日先锋'工程，开展'平安守护校园秩序'专项整治行动，推进'一粒米'食品安全专项工作"。上级领导则应该用更宏观的视角明确教育的意义，如"教育是国之大计、党之大计；教师是立教之本、兴教之源"。

第二，站位越高，用词格局越大。从"高度重视"到"摆在优先发展的位置"，再到"优先发展的战略地位"，不同职级的领导对重视教育这件事的理念和态度是不同的。

第三，站位越高，句子越整齐有力。第二次拔高时，使用了内部结构对仗的技巧，读起来会更加朗朗上口，力量感更强，如"全面实施……，坚持不懈……""……稳步提升，……成效显著"。

【学姐唠叨】

写同一意思不同站位的讲话稿的确是工作实践中的难点，很多执笔人写一篇讲话稿已经写到语枯词穷，再写一篇相同主题的讲话稿，完全不知道应该如何拔高站位。想提高拔高站位的能力，有一个很好的方法，即日常工作中多研读各种工作的实施方案。因为各种工作的实施方案通常是各层级单位都要制定的，在语言上属于典型的对同一意思进行不同站位的表达，对多份工作实施方案进行对比，就会发现不同站位的表达的语言特点。

调研文章获奖，如何做到切口"小而美"

在《从零开始学公文写作》中，我介绍了调研文章的写作方法。在实操层面，写调研文章最难的不是确定结构和内容，而是确定选题的切口，即面对宏大的命题，执笔人从哪个点切入能够实现驾驭能力和文稿质量的平衡。为什么找到"小而美"的切口对很多执笔人而言很难呢？我认为主要有以下两个方面的原因。

第一，切口的选择高度依赖预判全文走向的能力。

人生之所以有很多烦恼，很大一部分原因是在重要节点选错了方向。如果执笔人选择切口的时候，无法预见从该切口入手，后面可能会遇到数据支撑不足、写不下去、写得太大、和别人写重等情况，说明执笔人预判全文走向的能力不足。

第二，切口的选择高度依赖思考能力。

能够选择正确的切口，说明执笔人对本职工作有一定的理解深度。写出质量不高的调研文章，很多时候是因为在调研基础不足的情况下选择了特别宏大或过于陈旧的命题，检索资料后东拼西凑，驾驭不了但停不下来，导致"食之无味，弃之可惜"。

因此，执笔人写调研文章之前，一定要准备至少四五个方向，和领导商定后再动笔。对于进行了充分沟通的选题，领导会更加重视，会站在更高的站位提一些想法和建议，甚至会给予更多的写作支持。那么，如何选好切口呢？

 ## ① 写"有话可说"的内容

很多选调生有撰写国情调研报告的任务。作为参加工作不久的年轻人，写《探索乡村振兴之路》《加快城乡融合，推进乡村振兴》显然是不合适的，命题过于宏大。此时，选择以年轻人更为熟悉的互联网、智慧 App、直播电商等为切口，更容易有话可说，举例如下。

《乡村振兴背景下农村电商助推特色农产品展销路径研究——以大美镇脐橙为例》

《从"治理"到"智理"——大美镇打造智慧社区样板》

 2 写能够延伸的内容

面对调研文章,很多执笔人苦恼于自己的工作太琐碎,比如日常工作是调解邻里矛盾、收文发文、上传下达、协调给老旧小区安装电梯、设立社区图书角、做社区卫生服务站志愿者等,哪一项工作都很难支撑起一篇调研文章,攒在一起又好像没有太大关系。

针对这种情况,我可以分享一个工作方法。任何事物都有不同的棱面,大家可以选择自己需要的棱面进行深挖。

比如,"调解邻里矛盾"可以成为多个选题的切口,举例如下。

从安全角度说,"调解邻里矛盾"的本质是化解基层矛盾,即化解基层"小矛盾",构建社会"大平安"。

从文明创建角度说,"调解邻里矛盾"可以延伸为助力创建和谐文明新社区。

从老旧小区改造角度说,老旧小区公共空间设施陈旧、功能单一、私搭乱建层出不穷本身就是导致邻里矛盾的重要原因。

由此可见,对于一项工作,可以从不同的角度入手分析,既非牵强附会，也非杜撰。文章标题举例如下。

《"效果图"变"实景图"——大美新城老旧小区改造的探索与实践》

③ 写能够驾驭的内容

很多地区积极探索基层自治的新路径，通过围炉夜话的形式，开展村情民意调查，实地了解群众困难，倾听群众呼声，推动解决群众"急难愁盼"的问题，把矛盾化解在萌芽状态。

针对基层治理模式创新，从这个角度切入就很容易写出"小而美"的调研文章，呈现"小切口、大视野"的特点。文章标题举例如下。

《新时期干群关系改善之道——"围炉夜话"的大美实践》

④ 写熟练运用的内容

年轻人有经验不足、思考程度不深等劣势，但也有对互联网和智能手机的使用更加熟练、对新技术和新业态的学习能力和适应能力更强等优势，因此，写调研文章时，年轻的执笔人可以从"新"的角度切入，选择如下关键词，结合本单位的业务工作完成撰稿。

①互联网＋主题。

②数据赋能＋主题。

③"微系列"＋主题（如微腐败、微治理、微政务、微平台）。

④"云系列"＋主题（如云平台、治理云、云培训）。

⑤"智慧系列"＋主题（如智慧社区、智慧赋能、智慧城市、智慧村务）。

问题 53

没写错通知内容，为什么还会被批评

关于通知，在《从零开始学公文写作》中，我介绍了通知的撰写方法和复核方法，不会撰写通知、一写通知就不断发"补充通知"的读者可以翻阅该书的第 8 章进行学习。

撰写并复核通知的底层逻辑是什么？是"角色代入"。假如去开会的是你，从出门开始，一直到开完会回家，这一路要做哪些事情？需要注意什么？有哪些具体的步骤？所有环节都想清楚了，写在通知中，基本就不会有遗漏。

有读者在我的公众号"陶然学姐"的后台留言，说他在工作中收到了一个会议通知，要求参会者穿正装，便汇报给领导："穿正装开会。"结果到了会议现场，领导发现只有他们两个人穿着西装、打着领带，因为太过正式而显得过犹不及。领导感觉非常不合时宜，回来后批评他："你到底有没有搞清楚通知要求？怎么就咱俩穿成这个样子呢？"出现这个问题，是因为这位读者没有对通知上"模棱两可"的内容进行二次确认，比如什么是正

装？是穿长袖衬衫还是穿套装？要不要佩戴领带？

实际工作中，遇到类似的情况，执笔人需要及时对接通知上的"联系人"，进行进一步沟通。

在本书中，我想对这部分内容讲得更深入一些，因为随着执笔人工作的变动和升迁，仅仅能够"写出通知"显然是不够的。在工作实践中，我经常遇到明明没写错通知内容，依然被批评的情况。

【情境】 ✐

　　小白在机关单位工作。周五下午，领导让小白发一个通知，请各单位次周二下午5点前报送某工作的相关情况。小白写好通知后，周五下班前在发文系统中走完了直接领导的审批流程。次周周一中午，办公室主任在系统中审批通过该流程，周一下班前，分管领导审批通过该流程，等到各单位收文，已经是周二中午12点了。通知要求周二下午5点前报送某工作的相关情况，留给各单位的准备时间明显不足。针对这件事，领导很生气地批评了小白一顿。

　　小白很委屈，明明通知内容没有任何错误，为什么还会被批评呢？

针对这类问题，我在互联网上讲过一期音频课程：《直线思维，坑你没商量》。所谓"直线思维"，大意是让你干什么，你便只干什么。比如，小时候，妈妈让我去买一根葱，我就只买了一根葱回家；领导开早会，没来得及吃早饭，请小白帮忙从食堂带个包子，小白就只带了一个包子；生活中，对伴侣说"你把碗洗一下"，对方便只洗碗，对脏兮兮的灶台熟视无睹……这些问题，本质上是同一个逻辑问题。

领导安排小白撰写通知，作为执笔人，小白不仅要对这个通知的内容和发出去的时点负责，还要对整件事的生命周期负责。如果只有点状思维，没有系统性思维，是无法出色地完成一篇公文从撰写到发文的全流程的。发通知时需要注意的节点如图 7.2 所示。

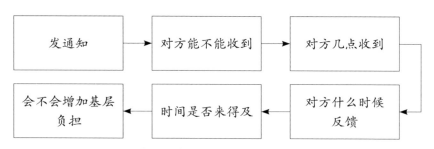

图 7.2　发通知时需要注意的节点

执笔人领到工作后，心里就要对整个流程有个预判。回看情境，周五发通知，要求周二反馈，执笔人的第一反应应该是："怎

么办？基层单位周末要加班了。"这时候，执笔人需要研究一下通知内容，看看能不能简化要求或者完善报送格式，让基层单位负责人能在两个小时内完成反馈。想清楚后，再请示领导。在请示领导的时候，要注意表达方式，不能仅提出问题，还要拿出解决方案。比如，可以做如下沟通。

领导，文件预计能在今天下午5点发出去，赶上周末，如果催一下流程，到各单位可能最早是周日晚上。这样，各单位的准备时间可能不足。我把对需要报送的内容提出的要求这样处理了一下，您看是否可以？咱们整理起来更方便，也避免报上来的内容出错，需要反复沟通。

如果经过优化，需要报送的内容依然无法在两个小时内整理完成，意味着各单位周末必须加班，那么可以向领导请示，能否先以电话的形式通知对方做好内容准备，正式通知后续到达。

如果没有办法优化需要报送的内容，又赶上签字流程中的领导出差，可以请示领导能否启用补签程序。

撰写一个小小的通知并不简单，如果处理得当，领导会觉得你考虑周全，增加你的"靠谱值"。

此外，在具体执行过程中，执笔人需要一直盯着流程进展，催流程本身也是难得的跟领导交流的机会。

【学姐唠叨】

　　做基层工作非常不容易，非常辛苦。每发一个文件、一个通知，都要考虑执行的难度。能真正共情、理解对接方，才能从根本上解决"头痛医头、脚痛医脚"的问题。

撰写座谈发言稿，找对站位，事半功倍

在公文写作培训中，我经常听到类似的苦恼：工作以来，参加最多的是座谈会，每次座谈的主题不同，站位也不同，只要场景一变，就不知道该如何写座谈发言稿了。我在参加工作之初，也曾有这个苦恼，即不知道应该在座谈会上说什么，说少了显得工作不主动，说多了又担心出错。当时，我的直接领导是一位德才兼备的青年干部，他教给我一句话，我至今受益。他说："当你不知道怎么说的时候，真诚是最好的法宝。"

撰写座谈发言稿，如何做到"真诚"？我认为，关键是不说不了解的话、不说夸大其词的话。

比如，职场新人到单位报到后，参加的第一个座谈会往往是新人座谈交流会。按照"真诚"的原则，要客观地介绍自己，不夸大自己的优点，也不妄自菲薄。

又如，工作一段时间后，执笔人往往需要参加某一项系统建设的意见征求会。此时，"真诚"的原则体现为不说不了解的话。因为参加工作的时间不长，执笔人很难对工作提出建设性意见、建议，所以，准备发言稿时，最关键的是说得对并且符合身份。"说得对"，即避开自己不擅长、不熟悉、不专业的内容；"符合身份"，即意见、建议要与参加工作不久的年轻人的角色一致，比如建议开展系统的使用方法培训等。

再如，工作几年后，执笔人会经常参加工作经验交流会。此时，"真诚"的原则体现为"不虚"，即执笔人要结合具体的工作案例谈看法，说说自己在这项工作中学习到了哪些方法和举措、承担了什么角色、有什么心得体会，让受众更加有画面感。

【情境】

小白是一名选调生，被选中去机关单位作为优秀青年代表发言，分享自己在基层工作的心得体会和工作经验。

节选小白准备的座谈发言稿部分内容如下。

【初稿】

一是要在走村入户中接好地气。到村以来，我忘记了学历荣誉和过往身份，摒弃了"镀金"意识和"过客"思想，安心当起了大美村"村民"。初下基层时，我曾一度找不到驻村工作的突破点和抓手，陷于简单化、重复性的村务琐事。好在我并没有一味埋头苦干，而是及时与优秀的同届选调生交流学习。

为了更加清晰地展现思考过程，我用表格的形式对初稿进行分析，见表7.8。

表7.8　座谈发言稿分析过程

初稿	分析
一是要在走村入户中接好地气	这个座谈发言稿的撰写背景是"作为优秀青年代表发言，分享自己在基层工作的心得体会和工作经验"。心得体会和工作经验是什么？是我们在做一件事的过程中，自己的内心感受，而不是提出要求。小白想表达的是，选调生做基层工作，"走村入户"这种形式太有用了，"接地气"太重要了，但是初稿中的这句话更像是领导讲话，如"下面我提3点意见：一是要在走村入户中接好地气……"
我忘记了学历荣誉和过往身份，摒弃了"镀金"意识和"过客"思想	这句话的出现，反而会点明自己有过"学历荣誉"和"过往身份"的优越感，有过"镀金"意识和"过客"思想。事实上，小白只是因为接受了高等教育，在学识上具备一些优势，并不存在过往身份的优越，这是认知问题

续表

初稿	分析
安心当起了大美村"村民"	"安心"这个词用得不好，这同样反映了站位偏差。基层工作经验对年轻人的成长而言非常重要，是宝贵的人生财富。如果理解不了"安心"的意思，可以尝试代入角色，比如"他忘记了在这个城市的所有过往，回到老家安心过起了小镇生活"。如果依然理解不了，可以设想一下，如果毕业就被分配到机关单位工作，撰写座谈发言稿时会不会写"我安心当起了机关工作人员"呢？
我曾一度找不到驻村工作的突破点和抓手，陷于简单化、重复性的村务琐事	前文讲过，非特殊情况，要尽量避免使用否定句式。将"我曾一度找不到突破点和抓手"改写为肯定句式，是"对统筹协调能力和应变能力提出了全新挑战"。 "简单化、重复性的村务琐事"体现了小白对工作理解得不准确，基层工作是"繁重复杂"，不是"简单重复"
好在我并没有一味埋头苦干	"埋头苦干"是褒义词，小白想表达"没有只顾低头工作，还会抬头看路、主动思考工作方法和工作方向"，用词却容易引人误解

通过以上分析，我们可以发现，要想座谈发言稿的站位准确，"真诚"是表，对工作的深刻理解是"里"，表里一致，才能在工作中做到知行合一。

【修改后】

深接地气，就是读懂群众、读懂民情。作为一名选调生，从不熟悉乡镇区位到走遍全村 285 亩土地，从不认识 234 户 1988 名村民到荣幸地成为第 1989 名大美村村民，我逐步完成了从大学生到基层公务员、从他乡客到家乡人的转变，在基层肥沃的土地上汲取营养、扎根成长。

走访入户，才能办老乡事，解老乡难。基层工作无小事，事事关乎民生、件件关乎民心。在走访过程中，我把普通话换成了大美话，把宣讲会变成了"拉家常"。通过基层锻炼，我深深地理解了，"让群众听懂、学会、用好"才是政策落地的最后一公里。

把村民的"家门"当"校门"，把农户的"困难"当"课题"。过去一年，在村镇领导的指导下，驻村选调生共收集民情 8 卷 16 类 238 条，解决问题 106 个，努力做到带着政策方案上门，满载村情民意而归。

遇到从来没见过的文种，不用慌张

在本书第 1 章中，我分享过一个观点："永远不要提未经思考的问题。"为什么呢？因为不锻炼自己的思维能力，永远无法拥有独立的思考体系。比如，针对"万人比达 6.50 件"这个短句，经常有职场新人问"可不可用'6.5 件'？""小数位的'0'可以省略吗？"等问题。如果请教同事，很可能同事也需要去查阅资料，所以，我们完全可以自己检索答案。翻阅统计公报、同行业的分析报告、财务分析等文件，我们可以轻松地发现，此类用法，通常会保留两位小数。为什么有时候向同事请教问题，同事会说"不清楚"？潜台词很可能是："你问我，我也需要去查，你为什么不自己去查呢？"

在此基础上，我们可以再延伸一步：提的问题要具体且有针对性。也就是说，执笔人要能够清晰地描述自己的问题，问题不应该是笼统的、概括的、过于宏大的、短时间内无法讲清楚的。

工作中，执笔人会遇到各种各样的文种，除了常见的法定文种和事务性文种，还有一些公文，执笔人极少写，甚至在漫长的职业生涯中仅遇到一两次，比如盛大活动的开幕致辞、创刊词等。

【情境】

随着互联网的发展和普及，很多单位都有了自己的政务号。小白所在的单位也准备创办自己的政务号，领导安排小白撰写"创刊词"。政务号是本单位工作对外展示的重要窗口，创刊词，即第一篇文章，是非常重要的。小白非常发愁，请教同事："创刊词怎么写？"同事摇摇头说："不知道，没写过。"小白非常沮丧，同时很不开心：为什么同事如此敷衍呢？

成年人的学习是在不断摸索中完成的，小白提问"创刊词怎么写"时，显然未经思考，同时，该问题过大，让人无法回答。面对不会写的文种，需要沟通、请教时，一定不要如此提问。

结合第 1 章介绍的检索技巧的深度运用，我们思考一下，应该怎么检索呢？小白尝试把"创刊词"输入微信的检索框进行检索，发现根本检索不到文章，这是为什么呢？

公众号的第一篇文章，起着"创刊"的作用，但是很少直接名为《×× 创刊词》。这篇文章的标题一般是立足工作愿景的金句，或者是领导拟定的主题提炼。那么，小白应该去哪里找创刊词样文呢？最简单的方法是打开同类政务号，向前翻，找到它推送的第一篇文章，即这个政务号的开篇之作。

因为没见过、不会写，所以小白要从认识一个新文种开始，先收集 10~20 篇高质量创刊词，再通过做以下几件事，分析这些文章的共同特点。

①了解文字风格。明确创刊词的文字风格是像慰问、致辞一样生动、有文采的文字风格，还是像工作总结一样严肃的文字风格。

②梳理结构共性。明确创刊词的文字风格多分为几段，每一段普遍写什么内容，对新文种的框架有一个大体了解。

③总结总篇幅的长短。读其他政务号的创刊词时，要关注自己在这篇文章上的停留时间，或者关注手指划动几次可将文章读完。有的执笔人将创刊词写得特别长，用公众号排版出来，下拉很久都看不到结尾，读者的阅读压力会很大。

④关注单段落的长短。在 Word 文档中，写一小段话，通常是 7 行左右。执笔人很容易忽视的一点是，电脑是横版显示，手机是竖版显示，每行容纳的字数更少。检索制作精良、影响力大

的政务号，我们会发现，其排版后推送的文章，每一行大概有 18 个字，远远小于 Word 文档的每行 28 个字，如果加入设计元素，可能会更少。这意味着，在 Word 文档中很美观的段落切分，到了公众号上会特别冗长，手指划很多下都划不到下一段。因此，谋篇布局时，要重新进行页面设置，根据公众号的版面安排每一段内容的篇幅。

⑤使用干净、凝练的文字。考虑到排版的字数要求，创刊词的语言需要整齐干净、高度凝练。用几十个字说清楚一层意思，读者使用手机阅读时，才能够看到清晰的段落划分，而不是整个屏幕密密麻麻都是字。

通过总结创刊词的共性，我们可以分析出，创办一个政务号就像孕育一个小小的生命，它第一次和读者见面，要展示自己的形象，需要一点点文采，而不是严肃、刻板地面对大家，字里行间，需要有一些提振信心、表示未来充满希望的内容。

因此，创刊词的第一句通常是诗句引入，比如"天地春晖近，日月开新元"；中间部分会分几个层次介绍创办政务号的初衷、目的，以及内容的方向、想要传递的精神；最后结合单位的工作展现这些年的发展变化，并提出希望和愿景。

这就是我们面对全新的、有可能仅写一次的公文时的思考过程。执笔人遇到类似的情况，可以借鉴使用这一处理思路。经过深度检索、寻找规律，对事物有基本的认知后，如果还有不确定或者解决不了的问题，再去找领导、同事，针对具体事项进行请教，才是有意义、有价值、受人欢迎的有效请教。

第 8 章

浓墨重彩，演讲、宣讲
和征文比赛的获奖思路

演讲稿、宣讲稿和征文是工作中非常重要的、写作难度很大的一类文章。之所以说非常重要，是因为写这类文章可能是除了写公文，职场新人最容易崭露头角、展现才华的工作；之所以说写作难度很大，是因为不同于以平实、简洁的文风为突出特点的其他事务性文种，这类文章更富有情感张力，需要执笔人有一些文学素养，行文往往有浓墨重彩的特点。

针对"如何撰写、使用演讲稿和宣讲稿"，我们很难找到系统的指导资料，因为同时驾驭"写"和"讲"非常不容易。我从小有声音方面的特长，有幸在成长过程中得到了很多专业指导，也参加过很多演讲、宣讲和征文比赛。本章，我会把自己在撰写演讲稿、宣讲稿和征文比赛的文章方面的浅显经验分享给大家。

演讲稿平淡无味不感人，如何提高感染力

演讲稿撰写的最大痛点是容易写得平铺直叙，像白开水，自己都无法感动自己，更无法感动观众。为什么执笔人写演讲稿很容易有浓重的工作总结感，平淡无味不感人呢？很可能是因为演讲稿大多以工作总结为蓝本，也就是"取之于总结，故难以去之于总结"。

演讲稿的写作技巧非常难讲，因为太多东西源于不可名状的"灵感"。为了便于大家理解，我提炼了一个公式，执笔人给自己修改稿件时，可以套用该公式进行精雕细琢。为演讲稿去工作总结感的公式如下。

优质演讲稿＝句尾上扬＋设问（悬念）＋连续排比＋文字干净＋大小词并用

1 为什么要"句尾上扬"

所谓"句尾上扬",即一段话的句末字最好使用上声字,对应拼音为"二声",尽量避免使用去声字,对应拼音为"四声"。关于这个技巧,我并没有找到理论依据,是对实战经验的总结。通过大量练习,我发现用上声字结尾更加提气。

【样稿】

"为什么我们要打这一仗?这场仗,我们要是不打,就要我们的下一代来打。我们出生入死,就是为了让他们不打仗。"这几句话,是电影中七连指导员梅生和伍千里谈女儿的时候说的。听到这几句话时,我的眼泪夺眶而出。今天的山河无恙,今天的繁华盛世,是革命先烈们抛头颅、洒热血,用生命换来的。

如果在叙事体文章中,这段话没有任何问题,但是如果在演讲稿中,朗读一遍我们就会发现,"山河无恙""繁华盛世""热血"的尾字都是去声字,"换来的"的尾字是轻声字。从朗读的角度看,结尾的支撑力度会稍显不足。我们可以做一个微调,尽量让段落以上声字结尾。

【修改后】

"为什么我们要打这一仗？这场仗，我们要是不打，就是我们的下一代来打。我们出生入死，就是为了让他们不打仗。"这几句话，是电影中七连指导员梅生和伍千里谈女儿的时候说的。听到这几句话时，我的眼泪夺眶而出。是革命先烈们抛头颅、洒热血，用生命换来了今天的山河无恙、盛世繁华！

关于句末声调的处理，如果大家还是不理解，我再举一个生活中的例子。曾经有执笔人问我："应该如何去记领导交代给我的工作呢？每次领导给我交代工作，说一堆要求，我只能记住最后几个字——写个报告，前面的要求很难记住。"这是因为人的记忆有一个停留曲线，越到最后，记忆越清楚，影响力越大。因此，在写演讲稿或者宣讲稿的时候，要一层层地渲染情绪，逐步把情绪推上去、扬起来。

【学姐唠叨】

我建议年轻人积极踊跃地参加单位组织的演讲比赛，因为按照参赛的标准"细抠"一篇稿子，带来的文字能力的提升可能胜过写 10 篇通讯稿。通讯稿对精修的要求不是很高，但是

撰写演讲稿，如果以得奖为目标，一定要字斟句酌。

 2　如何用设问的方式制造悬念

把工作总结改写成演讲稿，有一个很常用的技巧是转变句式，即针对客观事实，先用设问的方式制造悬念，再自问自答。

【样稿】

一、不畏艰难，勇挑重担

参加工作以来，她谦虚好学，爱岗敬业，认真做好日常审核工作，保持了项目审核"零失误、零差错"。她经常加班加点到深夜，每天上下班通勤 3 个小时，深夜加班回到家，孩子早已进入了梦乡；早上出门上班，孩子还没有醒来。但是，巾帼不让须眉，她从未有过一丝怨言。

这个样稿所用的写法是演讲稿初稿中常见的写法。需要注意的是，在演讲稿写作中，情感的抒发是一气呵成的，不需要出现"一、不畏艰难、勇挑重担"这样的标题。从"巾帼不让须眉"这种修饰性语言表述中，我们可以看出，执笔人在努力扭转平铺直叙的工作总结风格，但是仅有这样一句点缀，不足以转变平淡的感觉。

那么，我们应该怎么去调整、扭转呢？

平日里，很多执笔人特别喜欢刷短视频。在刷短视频的时候，大家要注意调整思路，时常问问自己，自己是在供给端、吸收端，还是在消费端。如果常在消费端，意味着会经常投入时间成本和精力成本，换取短暂的快乐和深夜的自责，这是效能最低的做法。因此，我们至少要站在"供给端"或者"吸收端"看问题。何谓站在"吸收端"看问题？即刷到一个点击量非常高的爆款短视频时，留意一下，是什么样的设计吸引你点击它并持续看完的。

通过简单分析，我们会发现，点击量高的短视频一般是在开头设计连环设问的短视频。以我在自媒体账号上发布的一个短视频为例，开头部分的文字稿如下。

如何面对写公文时的无助和压力？如何面对领导批评时的自责和不安？如何面对那些似乎永远干不完的工作？如何面对一天天增长的年纪和一日日上升的体重？如何跟同事开口换班回老家看看年迈的父母？对人情世故、人际关系一窍不通的"小白"，面临着哪些职场困境？应该怎么做才能突破自我认知的局限、消除原生家庭的烙印？

了解这一技巧后，我们尝试用设问的方式对样稿做一些调整，就能完全摆脱工作总结的平铺直叙风格。修改后的演讲稿片段如

下所示。

【修改后】

在审计中做到"零失误、零差错"意味着什么?

意味着你需要投入 1000 个小时打磨专业,意味着你要面对海量的财务数据做仔细甄别,意味着你要面对堆积如山的存货进行细心盘点,意味着在寒冷的深夜,你抬头看到,钟表的分针从起点到终点转了一圈又一圈。

把工作总结的内容倒过来写,就会写出画面感。我们再复盘一下,工作总结的逻辑顺序是什么?是做了 1、2、3 项工作,推导出一个结论;演讲稿的逻辑顺序是什么?是先提出问题,再渲染 1、2、3 点。

【学姐唠叨】

为什么在修改后的稿件中,我删掉了"通勤 3 个小时""深夜加班回到家,孩子早已进入了梦乡"等内容?因为这些内容的说服力不足。关于"通勤之苦",年轻人经济能力有限,往往承受着更大的压力;关于"无暇顾及孩子",是很多职场人无法平衡工作和家庭的常态。从打动人心的角度讲,若事例与"审计"这个行业无关，是各个行业都会面临的困难，就尽量不要使用。因此，在修改后的稿件中，选取了数据甄别、存货盘点等更具"审计特色"的元素进行了呈现。

③ 怎样用连续排比增强气势

在演讲稿的撰写过程中，排比是运用最多，也是运用价值最高的修辞方式。尤其是在演讲稿的高潮部分，使用连续排比，可以增强文章的气势。

【样稿】

作为新时代地质青年，我们的初心和信仰是什么呢？深夜，我们与实验室相伴，星光不问赶路人。在陡峭的山路上，一代代地质人严谨踏勘，将青春岁月挥洒在田野里。我们将始终牢记初心和使命，行远自迩、踔厉奋发、行而不辍、未来可期！

因为对地质工作不甚了解，我仅把自己能想到的地质人的身影会出现的场景列举了一下，比如旷野中、山路上、实验室里，还有各种地形险峻的地方。以空间转场为排比元素对样稿进行改写，可得到如下段落。

【修改后】

作为新时代地质青年，我们的初心和信仰在哪里？

在凌晨 3 点的实验室里，在星光璀璨的夜空中，在陡峭崎岖的山路上，在不恋繁华、甘守乡野的情怀里，在波澜壮阔的地质人生中……

蒲柳之姿，望秋而落，松柏之质，经霜犹茂。作为新时代的地质青年，我们立志将青春托付给旷野，把理想交付给青山，在一代代老地质人排除千难万险，用信仰和身躯铺就的道路上，行远自迩、踔厉奋发、行而不辍、未来可期！

修改后的稿件中，增加了两处排比 / 呼应，如下所示。

一处是排比，用"在……，在……，在……，在……，在……"完成空间转场。

一处是呼应，即结尾段开头的 4 个四字短语和最后的 4 个四字短语遥相呼应。

【学姐唠叨】

事实上，在修改后的稿件的结尾段中，存在一处引用瑕疵。"蒲柳之姿，望秋而落，松柏之质，经霜犹茂"的意思是蒲柳的资质差，一到秋天就凋零了；松柏则质地坚实，经历过秋霜反而更加茂盛。根据其所表达的意思分析，用在这里其实是不准确的。那么，为什么我依然要这么写呢？这是由演讲稿的特殊之处决定的，演讲稿不会呈现在纸面上让读者阅读，而是通过听觉、视觉感染观众，因此，在实践中，有时候我会为了情感的连续性，牺牲部分语法的准确性，也就是"语法让渡给情感"。

这只是对我个人经验的总结，抛砖引玉之用，还请读者批评指正。

 ④ 文字干净为何能让节奏更紧凑

相较于其他文种，演讲稿对精修的要求最高。为什么？因为演讲本身有时间限制，需要在有限的时间内表达最充分的内容，这是"表"的层面；可表达的内容有限，所以演讲稿的每一句都要发挥推动情节、情感的作用，这是"里"的层面。对于工作总结等长篇公文来说，有时候，多写一句或者少写一句并不影响意思的表达和整篇公文的呈现，演讲稿则不同，需要精雕细琢，让节奏更紧凑，几乎没有一个字是多余的。

【样稿】

这位为国捐躯的英雄，在牺牲的时候仅仅比我大4岁，这个战斗英雄的生命，就这样，定格在他的青春里。就像他写的那样："如能战死在抗战杀敌的战场上，余愿得偿矣。"他真的做到了。我想，他一定想不到，68年后，他所在的老部队已成为威武的××部队，并在中华人民共和国成立60周年阅兵仪式上接受了检阅！

我们根据语义做第一次删减，删减结果如下。

【一次删减稿】

这位为国捐躯的英雄，在牺牲的时候仅仅比我大4岁，这个战斗英雄的生命，就这样，定格在他的青春里。就像他写的那样："如能战死在抗战杀敌的战场上，余愿得偿矣。"他真的做到了。我想，他一定想不到，68年后，他所在的老部队已成为威武的××部队，并在中华人民共和国成立60周年阅兵仪式上接受了检阅！

进行第一次删减后，我们发现并未影响意思的表达，感情的推进节奏更加紧凑了。在这个基础上，我们进一步进行精修。

第一处精修："这个战斗英雄的生命，就这样定格在他的青春里。"这句话本身没有问题，但是缺少画面感，格局不够大。想一想，多少革命先烈把鲜血洒在了祖国的大地上？我想到了这样一句话："山河锦绣，漫山杜鹃因你而红。"

把格局放大，可以将该句修改为："一个年轻的生命永远地定格在了祖国的山河里。"

第二处精修："68 年后，他所在的老部队已成为威武的 ×× 部队，在中华人民共和国成立 60 周年阅兵仪式上接受了检阅！"这句话，可以与其前的一句话一起设置一个对比，同时优化这句话的断句，因为后半句过长，如果演讲者经验不足，读到句末时气息会支撑不住。

综合分析后，可以修改如下。

68 年前，他说："如能战死在抗战杀敌的战场上，余愿得偿矣。"68 年后，他所在的老部队已成为威武的 ×× 部队，在中华人民共和国成立 60 周年阅兵仪式上，接受了祖国和人民的检阅！"

我们来对比一下修改前后的稿件，会发现虽然仅进行了微调，但是句式结构、文字干净度、节奏紧凑感都呈现出了完全不同的特点。修改后的稿件如下所示。

【修改后】

这位为国捐躯的英雄，牺牲的时候仅比我大 4 岁，一个年轻的生命永远地定格在了祖国的山河里。

68 年前，他说："如能战死在抗战杀敌的战场上，余愿得偿矣。"

68 年后，他所在的老部队已成为威武的 ×× 部队，在中华人民共和国成立 60 周年阅兵仪式上，接受了祖国和人民的检阅！

 大词提格局，小词写画面

在本节第 3 点的案例中，我们讲了用连续排比增强句子气势的技巧，在该案例的修改过程中，还用到了一个技巧，不知大家是否注意到了。这个技巧名为"大小词并用"，即用格局宏大的词语提升文章的站位，用简单的词语勾勒细节，增加文章的画面感。

【样稿】

深夜，我们与实验室相伴，星光不问赶路人。在陡峭的山路上，一代代地质人严谨踏勘，将青春岁月挥洒在田野里。

分析及修改过程见表8.1。

表8.1 "大小词并用"分析及修改过程

样稿	分析	修改后
深夜，我们与实验室相伴	"深夜"一词是没有画面感的。形容夜深了，有很多种间接表达方式，如××点××分、月明星稀等，即对"深夜"进行具象化处理	在凌晨3点的实验室里
星光不问赶路人	将这句话补齐，应为"星光不问赶路人，岁月不负有心人"，更像是抒情。在演讲中，使用形象化的语言更容易引起共鸣	在星光璀璨的夜空中
在陡峭的山路上	句子过短，缺少力度	在陡峭崎岖的山路上
一代代地质人严谨踏勘	这里可以使用一些浓墨重彩的宏大词语，效果更好	在不恋繁华、甘守乡野的情怀里
将青春岁月挥洒在田野里	句末，应该用浓墨重彩的宏大词语支撑整个段落的气势	在波澜壮阔的地质人生中

修改后的段落如下。

【修改后】

在凌晨3点的实验室里，在星光璀璨的夜空中，在陡峭崎岖的山路上，在不恋繁华、甘守乡野的情怀里，在波澜壮阔的地质人生中……

【学姐唠叨】

本节展示的修改过程看似简单，其实难度非常大。比如，应该何时用排比？大词的储备量不足怎么办？小词的使用太啰唆怎么办……演讲稿的撰写对执笔人的文字综合运用能力有极高的要求，这种能力不是一朝一夕可以练就的。事实上，在实际撰稿时，我并没有考虑如何使用这些技巧，只是跟着感情节奏顺畅地书写，写完后回过头来读，才发现这里用了排比，那里设置了悬念。这是一个先由外向内，再由内向外的学习、提高过程，执笔人需要勤加练习。

问题 57

怎样写演讲稿更容易获奖

参加演讲比赛，意味着代表单位"出战"，所有参赛者都希望能为单位捧个奖项回来。那么，什么样的演讲稿更容易获奖呢？我结合自己的参赛经历和写作实践，总结了两个更容易打动人心的写作方法。

1 催人泪下式写作

所谓"催人泪下"，就是通过情节的铺垫、语言的渲染、音乐的烘托，让观众深深共情，湿了眼眶。在前文的技巧讲解中，大家可以发现，无论使用哪种技巧，对语言的要求都很高。那么，文学素养不够深的执笔人怎么办？我能够想到的办法就是依托结构设计，提高文章质量。这种写作逻辑，可以概括为如下公式。

催人泪下式写作 = 设置悬念 + 时间倒叙 + 循环排比

　　我在自己的公众号"陶然学姐"中推送过一篇用催人泪下式写法写的文章，很多读者说看后被深深感动。我节选、删修部分内容为大家做进一步分析。

　　10年前，我参加完一场活动，跑过来一个羞涩的小男孩，很腼腆。他揉搓着衣襟说："我写作不好，表达也不好。我想读研，但是担心自己考不上好学校。"我分享了几个技巧，比如多读书、多练笔。此后，他开始尝试写文章，每周两篇，从未间断。昨天，我忽然收到他的信息，他发给我一篇文章，作者是一名清华博士——他自己。

　　5年前，我去南方考察一家公司。你很难想象，一个生产基地的洗手间会让人有星级酒店的体验。大理石地面、台面没有一滴水印，干净到闪光。从楼上向下望去，有一个大大的鱼塘，锦鲤游来游去——用来检验污水净化后的水质。工厂的废气排放烟囱，正对着老板的办公室窗户。这位老板只读过小学，这家公司年营收3亿元。

　　3年前，一位年轻的小伙子对我讲过这样一段话："这些年，我一直提醒自己一件事情，千万不要自己感动自己。什么熬夜看书到天亮、连续几天只睡几个小时、多久没放假了……如果这些东西也值得夸耀，那么，流水线上的任何一个人都比你努力得多。人难免有自怜的情绪，唯有时刻保持清醒，才能看清真正的价值在哪里。"这段话，来自曾经骑着三轮车卖司法考试教材的小商贩。5年时间，他从骑三轮车到开小货车。10年时间，他通过了法考。他的宣传，从每本书5元，到培训课程每期 5000 元。

我们可以看到，以上内容有 3 个特点，如下所示。

①时间由远及近，一点点推移。

②每段开头都没有介绍主人公，而是设置悬念，通过讲故事，慢慢呈现人物形象。

③故事中人物的初始形象和最后揭开的"谜底"有着巨大反差。

这样写演讲稿，受众会跟随演讲者，一点点被带入其中。那么，怎样才能让人感动落泪呢？还需要在每个故事中间穿插升华价值的内容，并形成循环排比。

我写过一篇文章，名为《时间的重量》。这是我为一次活动准备的发言稿，后来放在了我的公众号"陶然学姐"上。很多读者套用这篇文章的写法，先把"时间的重量是什么"替换为"纪检人的初心是什么""青春的使命是什么"等，再穿插补充工作中的小故事，获得了二等奖以上的成绩。这篇文章中，升华价值并进行循环排比的特点更为明显。我节选、删修这部分内容如下，读者可以尝试阅读、消化。

所以，时间的重量是什么？时间的重量是长远。即使命运让你偏

安一隅，你也要努力放眼四方。

所以，时间的重量是什么？时间的重量是积淀。每一次认真都会回报于无形，当这种无形积累到一定程度，就会迸发出惊人的力量。

所以，时间的重量是什么？时间的重量是乐观。这种乐观让你不再抱怨，让你想尽一切办法，克服困难、勇往直前。

所以，时间的重量是什么？时间的重量是热爱。这种热爱，让你不再是鸡汤帖的看客，而是鸡汤帖的主角。这种热爱，让你敢于梦想，梦想并创造，创造并拥抱未来。

 ## ② 争分夺秒式写作

在历次演讲比赛中，我多次使用催人泪下式写法，但如果演讲者在应急、医院、执法等部门工作，几乎每天都在和时间赛跑，为生命护航，那么，使用争分夺秒式写法可以更加形象地展示敬业精神和大爱情怀。

所谓争分夺秒，就是把时间精确到分、秒，用非常紧凑的节奏还原某次应急处置的工作场景，举例如下。

2023 年 7 月 14 日，一场 50 年一遇的特大暴雨侵袭大美县。凌晨 3 时 40 分，江口水位 18.16 米，超警戒线 2.13 米，以每小时 0.15 米的速度上涨，局部地区降雨量超过历史极限！

一声令下，星夜驰援！

5 时 20 分，38 名应急通信指战员集结完毕！

5 时 53 分，器材运输车 3 辆，无人机 13 架筹备完毕！

6 时 13 分，通信装备模块化装箱完毕！

……

如此描述整个事件处置的脉络、细节，更容易让观众有身处其中的强烈共鸣。

【学姐唠叨】

关于演讲技巧，因为和公文写作没有直接联系，所以不在本书中赘述，读者可以在我的公众号"陶然学姐"中找到很多演讲示范。另外，还有一点需要提示，如果短时间内，来不及提升演讲能力就需要参加比赛，可以在背景音乐、PPT 等辅助工具上多下功夫，增加对气氛的烘托，弥补表达、呈现的不足。

问题 58

宣讲稿和演讲稿有什么区别

在公文写作培训中，经常有学生问我："宣讲稿和演讲稿有什么区别呢？"事实上，在被提问之前，我真的没有注意过这个问题，因为很多时候，我是凭"感觉"写作，并凭"感觉"区分哪个是演讲稿，哪个是宣讲稿。为了把"感觉"落地，我结合个人感受和工作实践，对这两个文种进行简要区分，见表8.2。

表8.2　宣讲稿和演讲稿的区别

类别	视角	目的	形式	讲述风格	语言
宣讲稿	第三视角	通过讲故事、举事例和说理，让更多人知道某事	多在报告厅、单位内部、田间地头等地宣讲，可以现场宣讲，也可以用视频进行"微宣讲"	娓娓道来	平和、平实、朴素、接地气
演讲稿	第一视角或第三视角	通过讲故事和抒情，凝聚队伍、提振士气	多进行现场演讲	情绪饱满	心潮澎湃、鼓舞精神、催人泪下

根据表 8.2，我们可以看出，两者在以下几个方面有微小的差异。

 ## 视角不同

宣讲稿通常是第三视角撰写。什么叫"第三视角"？就是旁观者视角。如果还是无法理解，大家可以想象一下，我们去博物馆参观的时候，通常会看到解说员一边用手势指引大家的视线，一边拿着话筒说："我们眼前的 ××，是在 ×× 阶段，因为 ×× 被收藏、陈列在馆中的……"解说员视角就是第三视角。也就是说，物品的背后有一个故事，讲述者是站在第三视角进行介绍和描述的。

与宣讲稿不同，演讲稿有可能是第一视角撰写，也有可能是第三视角撰写。执笔人可以从第一视角出发，以第一人称讲述我是如何成长的，以及我的所思、所见、所闻、所悟，也可以从第三视角出发，如问题 40 中的实例，用观察者的身份，讲述老、中、青三代水利人的感人故事。

 ## 目的不同

所谓"宣讲"，重在"宣"，目的是让更多的人知道、让更

多的人形成共同的价值理想并努力践行，因此，宣讲稿的情绪张力没有演讲稿那么大。演讲，通常是为了展示工作成果、精神风貌，讴歌先进事迹，提振队伍士气，因此，演讲稿中通常会有很多升华价值和抒情的语言。

③ 形式不同

在组织宣讲比赛的通知中，我们经常可以看到类似表述："要深入机关、深入基层，到田间地头，到企业工厂，到庭院社区，开展宣讲活动……"这告诉我们，宣讲的表现形式在空间上有更大的拓展性。在作品呈现上，执笔人可以在报告厅内以 PPT 的形式进行宣讲，也可以把深入基层的宣讲过程录制成视频，进行"微宣讲"。与此不同的是，演讲通常是在礼堂内或者报告厅中进行，灯光、布景、音效等都要与稿件配合、呼应，形成感人、震撼的现场效果。

④ 讲述风格不同

宣讲地点的选择较多，决定了宣讲内容的选取和语言风格需要与受众匹配。比如，给田间地头的老人宣讲，语言要尽量简洁、直白，如果语言过于晦涩，或者有太多说理的内容，对方可能听不懂。很多时候，执笔人需要通过讲述一些故事，让受众明白某项政策的推行初衷、某次会议的精神，因此，宣讲稿通常有娓娓道来的特点。

再说演讲稿，其语言风格的情感张合力度比宣讲稿大得多。回顾我们听过的获奖演讲作品，是不是经常有催人泪下、震撼人心，让人备受鼓舞、心潮澎湃的效果？演讲稿的讲述风格介于宣讲稿和诗朗诵之间，情绪非常饱满，受众的代入感非常强。

 ⑤ 语言风格不同

宣讲稿的文字是平和、朴素、接地气的，没有太多浓墨重彩的华丽语言，演讲稿则可以用文采飞扬来形容，尤其是对细节的描写和结尾处的升华，用词非常讲究。

工作中，如果执笔人有机会作为观众听演讲比赛、宣讲比赛，可以重点从这几个角度进行思考、分析，增强语言文字的敏感性。

问题 59

撰写宣讲稿如何从"讲大道理"到"真情实感"

先了解演讲稿的写作手法、宣讲稿和演讲稿的区别,再撰写宣讲稿,会轻松很多。因为从情绪的渲染力方面说,宣讲稿远不如演讲稿浓烈。也就是说,收一收演讲稿的感情张力,就可以改写出不错的宣讲稿。

常见的宣讲稿有 3 类。

第一类:宣讲会议精神、理论政策、行业共识。比如,宣讲党的二十大精神、航天精神、石油精神等。

第二类:宣讲先进人物及其先进事迹。比如,宣讲时代楷模及其先进事迹、行业内标兵能手及其先进事迹等。

第三类:宣讲重要举措。比如,对新时代"枫桥经验"进行宣讲。

为什么很多执笔人在撰写宣讲稿方面存在困难呢？可能是因为无论是宣讲精神，还是宣讲人物、政策、经验，都不知道应该从哪里切入。也就是说，不知道从哪里开始讲，才能够达到让受众理解的目的。

根据工作经验，我总结了以下 3 种寻找切入口的方法。

方法一：从一个物品入手。

方法二：从一个人入手。

方法三：从一件事入手。

这是什么意思呢？我们举例说明。

【情境】

小白所在的单位拟组织开展针对党的二十大精神的"微视频宣讲"活动，领导安排小白写一篇宣讲稿。

小白知道，需要选择一个小的切入口。细细思索后，他想到了如下情况：以前，村民获取生活用水特别不方便，需要去很远的地方挑水，而且水质浑浊，要沉淀很久才能烧水使用；现在，实现了 24 小时自来水供应，村民的生活发生了天翻地覆的变化。

小白决定，从"水"切入，撰写宣讲稿。

【初稿】

水，是生命之源。用水安全，是民生头等大事。曾经，大美村吃水问题全靠一口井，而今，自来水通向每个家庭。

从十九大报告提出"提高保障和改善民生水平"，到二十大报告提出"增进民生福祉，提高人民生活品质"，实现好、维护好、发展好最广大人民的根本利益，就要紧紧抓住人民最关心、最直接、最现实的利益问题，坚持尽力而为、量力而行，深入群众、深入基层，采取更多惠民生、暖民心举措，着力解决好人民群众急难愁盼问题，健全基本公共服务体系，提高公共服务水平，增强均衡性和可及性，扎实推进共同富裕。

看到初稿，我们能够感觉到小白在很努力地从小切口切入、破题，但是句子写得过于宏观、笼统，导致呈现出来的效果更像工作总结。尤其是第二段的最后几句，非常像从工作总结中复制过来的句子。

"饮用水的变化"是一个非常好的破题方向，那么，我们如何用细致的描绘式语言，针对饮用水的变化，写出情节感和画面感呢？

以下几个方向可供参考：从前的饮用水是什么颜色，现在的

294

饮用水是什么颜色？以前一天放几次水？具体要走多远的路才能把水挑回来？遇到暴雨天气怎么办？冰天雪地时怎么解决用水问题？这些都是村民生活中的常见问题，撰写宣讲稿时，只要对这些细节进行呈现，娓娓道来的感觉就出来了。

修改后的宣讲稿节选如下。

【修改后】

大家好，我是大美镇青年宣讲员小白。

党的二十大报告中，提及"人民"二字超过百次。心怀家国、造福人民，是百年来中国共产党人始终不变的赤子之心。正如习近平总书记所讲："国家富强，民族复兴，人民幸福，最终要体现在千千万万个家庭都幸福美满上，体现在亿万人民生活不断改善上。"今天，我们就从小小的一滴水说起。

从浑浊的"泥汤水"到放心的饮用水，从要去10公里以外的地方挑水到随时打开水龙头都可涌出清澈透明的自来水，这些改变需要多少时间？

……

如果单位的业务和村情村貌的改变不直接相关，比如，有的执笔人在机关单位工作，可以选择以本地有历史意义的标志性建筑

物为切入点进行宣讲。

样文如下。

在中华北大街 55 号院，有一座 3 层灰色小楼，俗称"小灰楼"。50 年栉风沐雨，这座曾辉煌、曾被淡忘，甚至曾被毁坏的"小灰楼"重新焕发熠熠光彩。它是中国人民银行总行旧址，是第一套人民币的诞生地，更是中华人民共和国金融事业起步的历史见证者。

薪火相传百年路，赓续奋进新征程。75 年前，革命先驱胸怀救国志，高举马克思主义思想火炬，在风雨如晦的中国探寻民族复兴之路。75 年后，新时代青年心系报国情，擎起强国有我的先锋旗帜，为中华民族伟大复兴贡献青春力量。

我们分析一下这段话，会发现其中的句子对仗工整，能让宣讲人读起来朗朗上口。使用表格进行对比呈现，这个特点一目了然，见表 8.3。

表 8.3　宣讲稿中的工整对仗

75 年前	75 年后
革命先驱胸怀救国志	新时代青年心系报国情
高举马克思主义思想火炬	擎起强国有我的先锋旗帜
在风雨如晦的中国探寻民族复兴之路	为中华民族伟大复兴贡献青春力量

【学姐唠叨】

以具象的事物为切入口还有一个非常大的优势，即使于拍摄取景。很多宣讲活动的作品是以视频的形式提交的，报告厅的宣讲背景也多为相关的 PPT 和视频，以便配合讲解。如果全文都是说理的内容，图片、视频素材的拍摄难度是比较大的。

演讲、宣讲时稿子不够好，如何"弯道超车"

写这个问题时，我心里是有一些纠结的，这两类文章是执笔人，尤其是刚参加工作的职场新人的"刚需"，但确实写起来难度太大了。修改前和修改后，看上去轻轻松松，其实文字背后有多种思维能力、多年的文学积累在共同发挥作用。修改的过程，就像化妆的过程，这里补一点，那里调一点，呈现的妆面会非常不同。优质的妆容，起决定作用的并不是化妆品，比如化妆新手购买了顶级化妆师的同款眉笔、粉底和腮红，实际操作却是另一回事。不过，在网络中，我们依然能发现很多从"化妆小白"成长为"美妆达人"的博主，讲这一点是想给读者一些信心——这些关于"感觉"的东西，是可以通过长期、反复训练获得的。

那么，问题来了，能力还没培养出来，就要"赶鸭子上架"怎么办？

很多职场新人参加工作不久，没有任何演讲、宣讲的经验，仅仅是因为其他业务暂时无法上手，所以被安排参加比赛和活动。

如果没有优秀的稿子，表达能力也上不了台面，如何争取在比赛和活动中取得优良的成绩？

 ① 用合适的音乐烘托气氛

在演讲和宣讲的过程中，通常会播放背景音乐烘托气氛，也叫作"铺音乐"。有两种"铺音乐"方式，一种是一首曲子贯穿全程，一种是选取几首曲子的片段，根据内容情节进行切换。在有些专业领域，还有进行原创作曲的情况，因为极少见于大部分执笔人的工作场景，不在此赘述。

常见的两种"铺音乐"方式各有什么利弊呢？我们使用表格进行对比，见表 8.4。

表 8.4　音乐的使用方式对比

	一首曲子贯穿全程	多首曲子配合使用
优点	选曲简单，比如，针对催人泪下的稿件，选择一首伤感的音乐辅助表达即可	音乐配合情节，时而紧急，时而伤感，时而升华主题，让受众跟随音乐的旋律沉浸其中，演讲者本身的表达不足可以得到很大程度的掩盖

续表

	一首曲子贯穿全程	多首曲子配合使用
不足	音乐不会随着情节的发展而变化，如果演讲者本身的表达能力不足，很容易有"一个风格贯穿到底"的特点，现场会显得没有起伏	如果演讲者稿子背得不熟，现场紧张，语速加快，会导致音乐起伏和情节变化不合拍。比如演讲者已经开始讲述争分夺秒地与时间赛跑的故事，音乐还处于舒缓的片段。节奏一乱，演讲者会更加紧张，注意力不集中叠加稿子不熟，极容易出现卡壳、忘词的情况

那么，到底应该选择使用哪种"铺音乐"方式呢？我个人建议选择第二种，即多首曲子配合使用的方式。职场人，年轻时的犯错成本低，如果总是不敢迈出这一步，能力很难上台阶。

讲到这里，我们会遇到第二个难题，选取多首曲子的片段，需要依托巨大的曲库，在暂时没有自己的曲库时，有没有推荐的音乐可供选择呢？我整理了一份常用的演讲、宣讲歌单，读者可以进入我的公众号"陶然学姐"搜索、下载。

【学姐唠叨】

烘托气氛的工具，除了音乐，还有 PPT 和视频。现在，很多单位的 PPT、视频做得非常专业、精致。如果自己所在的部门没有办法提供相应支持，有一个差异化竞争的方法非常好用，即去繁从简。来不及做完善的 PPT，索性就一页写上一个数字，围绕这个数字展开自己的讲述。这一点，可以参考很多电子产品的发布会，极简风格反而会让受众印象深刻。

② 比赛前开嗓练习

我写这本书时，刚好是很多执笔人准备参加遴选考试的时间。有一位在公文写作培训中表现非常优秀的男生问我，还有一个月就要面试了，在现场表达中，要特别注意哪些方面呢？我说，对于你来讲，内容不是问题，逻辑不是问题，"开口不脆"是大问题。

在表达上，遴选面试和演讲、宣讲比赛一样，在短短的十几分钟内，面试者、演讲者、宣讲者都需要把年轻人饱满的精气神展现出来，开口就吸引所有评委、观众的目光。绝大多数执笔人没有经历过专业的播音主持学习，但是我们可以通过网络检索学习视频，每天进行开嗓练习，把口腔打开，让声音外放出去，而不是含在喉咙里。简单说，即尽可能做到"开口脆"。

【学姐唠叨】

　　如果实在来不及做开嗓练习，爬楼梯这一运动也可以辅助增强气息。比如，下午 2 点开始在 9 楼参加演讲比赛，那么，1 点爬楼梯到 9 楼，你会发现自己说话的声音会不自觉地放大。此外，演讲、宣讲前，注意不要喝会让心跳加速的咖啡，否则声音会发抖；含气泡的可乐、苏打水也要避免饮用，防止在说话的时候出现打嗝的情况；可以尝试吃香蕉、全麦面包等饱腹感强且不会过甜的食物，保持声音的稳定状态。

背诵稿件的 3 个方法，如何不卡壳、不忘词

《孙子兵法》说："求其上，得其中；求其中，得其下；求其下，必败。"这句话特别适用于背稿子这件事。为什么背诵到十分熟，现场展示可能只有八分熟的效果呢？因为现场不可控的因素太多了，比如自身紧张、PPT 播放不畅、话筒没有声音、视频突然卡顿、观众席有手机铃响、观众突然鼓掌、领导突然离席等。如果演讲者的表达经验不够丰富，这些因素都会成为强干扰，出现一两个，就很容易让演讲者乱了阵脚。

那么，背诵到什么程度，才可以达到无论出现什么状况，都能把稿子熟练地说出来的状态呢？我们可以想象一下各种极端情况，比如你困到不行，或者熟睡中有人把你推醒，问你"锄禾日当午"的下一句是什么，所有读者都能准确地接出来吧？背到这种程度，即形成肌肉记忆，就可以了。

问题又来了，怎么才能在短时间内对一篇演讲稿形成肌肉记忆呢？我会结合使用多种方法。这些方法都是自己摸索出来的，因为总是记不住稿子，所以我做过各种尝试、复盘和总结。

方法一：用琐碎的时间听录音。

定稿后，用正式演讲的节奏录制音频，并存在手机里。执笔人都知道，除非是参加极其重大的活动，一般情况下，单位是不会让员工脱产背稿子的。也就是说，我们需要把工作、生活中的琐碎时间利用起来。录制好音频，执笔人可以在吃饭时、走路时反复听。一天下来，能听几十遍，甚至上百遍，极大地提高对稿子的熟悉度。

方法二：用默写的方法增强记忆。

出声音朗读、背诵，对嗓子的消耗比较大。因此，朗读和默读要穿插进行。小时候，为什么我们可以把生字记得很清楚呢？因为小学老师会让我们反复听写、默写不熟悉的字词。背诵演讲稿也是如此，朗读、默读还不够，如果能顺畅地默写下来，印象更深，而且能发现自己容易在哪句话上出现卡顿。

方法三：在空旷的场地进行模拟练习。

基本能熟练背诵后，执笔人一定要找会议室、报告厅、主席台、空旷的操场等场地进行模拟练习。这是我在过去参加各种活动中总结出来的经验，低声背诵的语速是比较快的，节奏和正式展示时完全不同。如果没有模拟练习，很容易出现上台前明明很熟练，上台后就方寸大乱的情况。

问题 62

征文文章太难写，写不出来怎么办

每年，各单位都会在节日期间或宣传教育工作中开展各种主题的征文比赛。有时，领导会直接点名让职场新人参加，比如，领导会以安排工作的方式说："小白！你来参加这次征文比赛，争取给部门拿个奖！"

这时候，很多职场新人会有困惑，征文比赛，和读书时参加的作文比赛一样吗？征文文章是哪种风格的文章？是像工作总结，还是像演讲稿、宣讲稿？

 1 **征文文章的语言风格**

体制内的征文比赛通常分为两大类。

一类是调研类征文比赛，这类征文比赛的征文文章用日常公文平实的语言风格撰写就可以，在文风和语言的把握上，不容易发生混淆。

　　本节所讲的征文，主要指各类主题征文，比如"巾帼心向党，奋进新时代""青春正当时，选调向未来"。这类征文比赛，组织者通常会在发通知时给出明确要求，比如"结合自身工作实际，分享心得体会、感想感悟，要立意深刻、真情实感、内容丰富、鲜活生动"等。

　　另一类征文比赛则不同，在语言风格上，其征文文章与工作简报、工作总结等事务性文种相比，语言更加生动，但是没有演讲稿感情充沛，也缺少宣讲稿娓娓道来的讲述感。这样说有些不好理解，在我的公众号"陶然学姐"中有一篇非常好的征文文章，名为《我和我的家乡》，作者是"成长学院 Doer"。现节选、删修片段如下，大家可以感受一下介于平实严谨和文采斐然之间的语言分寸。

　　余光中在《乡愁》中写："小时候，乡愁是一枚小小的邮票……长大后，乡愁是一张窄窄的船票……"

　　对我来说，乡愁是网购时发货地址为浙江金华的包裹，是打开微信时一篇篇浙江飞速发展的文章，是和爸妈聊天时亲切的方言，是出门逛街时惊喜发现的义乌小商品，是商场里热气腾腾的杭帮菜，更是毕业后一定要回到家乡、建设家乡的坚定信念。

　　浙江方言赋予我一种底气，让远在他乡的我有信心克服陌生感和孤独感。新朋友与我熟识后，都会渐渐了解我不太会吃辣，但特别能吃苦。

"走遍千山万水，想尽千方百计，说尽千言万语，吃尽千辛万苦"是家乡人吃苦耐劳、不畏艰难的精神写照。瘦小如我，排队站在前、上课坐在前、志愿活动冲在前。我努力用自己的方法，践行浙江人"敢为天下先，勇为天下强"的精神内涵。

我们可以看出，如果将这段话写在需要饱满感情的演讲稿中，读起来会稍嫌没有"劲儿"，但是放在征文文章中，情绪分寸恰到好处。

2 不会说理，就讲好故事

很多执笔人写征文文章时，特别容易陷入一个误区，即喜欢"说理"。

【情境】

小白在石油系统工作，要参加"青春奋斗，强国有我"主题征文比赛。针对该征文比赛，小白按照常规逻辑列出了内容要点：青春是什么？为什么要把握好青春年华？年轻人应该怎么做？

想好后，小白动笔写征文文章，发现越写越难受，写出来的内容说教味道特别重，自己读起来都味同嚼蜡。

　　为什么会出现这种情况？因为"说理"的写法是门槛非常高的写法，对执笔人的理论功底、思考深度有极高的要求，"能说""会说""能懂"缺一不可。

　　那么，对于不擅长用"说理"的写法写文章的执笔人来说，应该如何写征文文章呢？"讲故事"是可选择的写法之一。情境中的小白便从石油前辈"铁人"王进喜讲起，按照时间顺序，选择不同年代具有代表意义的人物或故事，使用"4 个标题 +4 个故事 +4 个价值升华段"的结构，撰写了一篇小切口、大格局的征文文章。

第9章

一鱼多吃，不同公文的
改写转化

在第 4 章"谋篇布局，宏观结构如何影响公文全局"中，我们了解到，随着工作的推进，不同文种有不同的出现时点和目的，即公文有其独特的"生命周期"。这些同一主题的不同公文互为素材，调整语言和结构，就可以实现相互转化，极大地减轻执笔人的工作压力。

　　本章详细介绍如何"一鱼多吃"，高效地改写、转化同一主题的不同公文。

问题 63

如何将简短的通讯稿扩写成翔实的简报

一项工作开展之初，撰写工作简报时，执笔人拥有的素材通常只有一篇通讯稿，或者更为简单，只有一小段信息。怎么扩充内容，才能把这些篇幅很短的素材扩写成翔实的工作简报呢？

 ① 补充背景信息，拔高站位

分析单位发布的工作简报，不难发现，工作简报的"帽段"往往比通讯稿详细、充分得多。

【情境】

小白所在的学校近期开展"法制教育宣传月"活动，包括主题征文、演讲比赛、专题讲座等多种活动形式。

12 月 5 日，学校邀请法治副校长、市人民法院法官王大海对学生进行普法教育。

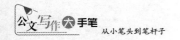

当日，小白撰写通讯稿如下。

为进一步增强学生的法治观念，提高学生道德素质和法律意识，12月5日，大美市幸福小学邀请法治副校长、市人民法院法官王大海与800余名师生相聚云端，开展普法教育活动。

活动开展一段时间后，领导安排小白针对"法制教育宣传月"活动撰写一篇工作简报。

作为通讯稿，开头第一句"为……"的目的状语不需要太长，用一两句概括就可以，工作简报则不同，需要把站位拔高，把工作开展的背景、依据一层一层地讲清楚。此外，工作简报开头段的最后一句通常是工作取得的成果，如果有数据，可以一并列示。

【工作简报】

为深入贯彻落实全国"八五"普法规划关于"加强青少年法治教育"的要求，促进青少年学生健康成长，根据全国普法办、省普法办的工作部署，大美市幸福小学深入开展了"法制教育宣传月"活动。通过设置宣传栏、开展主题征文活动、组织演讲比赛和专题讲座等形式，学生学法、知法、守法的意识全面增强，学校德育工作稳步推进，取得了良好效果。

② 针对具体问题，补充措施

有的执笔人在职能部门承担综合保障类工作，不像业务部门，有大量的事例和数据成果支撑工作简报的撰写，把通讯稿扩写成工作简报有更大的困难。

【情境】

> 小白在组织部门工作，近期，单位加强年轻干部储备工作，通过实地调研、考核考评、民主推荐等方式，识别、储备了一批优秀年轻干部。
>
> 现有素材是已经上网刊登的几百字"基层动态"，节选部分内容如下。
>
> 大美县多措并举加强储备干部培养。年初制定实施了《××人才储备实施方案》，通过实地调研、考核考评、民主推荐等方式识别、储备优秀年轻干部。全年共储备8类专业干部158人。
>
> 小白需要将该素材扩写成工作简报。

这样一件事，好像用两三句话就能说完，怎么拉长篇幅，扩写成内容翔实的工作简报呢？我们知道，职能部门每出台一项制度、制定一个方案、实施一项举措，背后都有要针对的痛点、要

解决的问题。为了让受众对目标工作的意义、目的了解得更加清楚，可以从痛点入手展开来写。

【工作简报】

（一）统筹干部队伍资源，盘活存量分类储备

大美县立足经济社会发展和队伍建设实际，把优秀年轻干部的识别、储备、培养作为重点工作，为全面构建"选育管用"全链条培养储备体系夯实基础。针对干部队伍存在的源头活水不足、储备总量不够、结构梯队不优、服务发展乏力等问题，大美县根据新时代好干部"二十字"标准，制定实施了《××人才储备实施方案》。考核专班通过实地调研、考核考评、民主推荐等方式，多层次、多渠道识别、储备优秀年轻干部。全年共储备经济类、管理类、农业类等8类专业干部158人。

这一段工作简报，除了补充了背景信息、拔高了站位，还通过使用"针对……"这一句式，增加了对措施对应的痛点问题的表述。

 3 针对工作开展情况，补充过程描述

通讯稿对某项工作的呈现，侧重于对要素的记录，即像我们日

常写日记一样，以"记"为主，记录什么时间、什么地点、什么人物、什么举措、什么效果。工作简报则不同，其传播范围通常会突破本单位，为了让他人看懂本单位的工作，执笔人需要针对工作开展情况，补充过程描述。

【情境】✎

小白在法院工作，目前，案件数量逐年增加，为更好地推动繁简分流、简案快审工作，单位进一步加强简案快审团队力量，组建简案团队18个，团队成员共计50人，平均年龄不到40岁。

针对情境中的事件描述，可以对哪些内容进行过程性描述扩充呢？针对"组建简案团队"相关内容，可以发散出以下3个问题。

①组建团队有哪些考量因素？

②团队的人才结构是怎样的？

③组建团队达到了怎样的效果？

结合以上3个问题，在补充背景信息、拔高站位的基础上，可以对这件事进行更加翔实、清楚的表述。

【工作简报】

繁简分流改革试点工作开展以来，大美中院按照"繁简分流、轻重分离、快慢分道"的工作要求，优化简案团队配置，完善诉调衔接机制，畅通联络对接渠道，初步实现了民商事案件办理又快又好的工作目标。

（一）配齐配强简案团队，科学合理选案分案

中院充分考虑团队成员的业务能力和办案专长，不断优化配置各法官及办案辅助人员，积极构建分工明确、配合顺畅的工作机制，确保团队高效、规范、有序运行。

一是做优做强简案团队配置。中院挑选8名业务素质过硬、法律功底深厚的年轻法官集中办理简易案件，组建简案团队18个，团队成员共计50人，平均年龄不到40岁，有力盘活审判资源，提升案件审理效率和诉讼服务水平。

......

问题 64

如何将长文改写成短文，以先进事迹为例

刚参加工作时，我经常为写出的公文字数少而发愁，比如怎样才能把段落内容丰富起来？怎样才能多写两页，显得内容多？也就是说，经常为了把短文写长而烦恼。但是工作熟练后，我发现比把短文写长更难的，是把长文写短。执笔人可能会有疑惑，什么时候需要把长文写短呢？我总结了一下，大概有以下几种情形。

①写简要先进事迹材料，不超过 500 字。

②写优秀案例申报材料，案例正文不超过 300 字。

③作为领导，对某个作品进行点评，不超过 200 字。

④回答遴选笔试的小题，不超过 200 字、400 字等。

⑤写特定场合的领导汇报稿或经验发言稿，不超过 1500 字。

把长文写短，通常是执笔人手头已经有很多素材，需要对其进行精简、提炼。执笔人可以尝试通过完成以下 4 个删减步骤，达

到字数要求。

第一步，整段删减。对目的段、意义段、过桥段进行直接删减，或将其提炼为一句话。

第二步，整句删减。对解释说明某个举措的语言进行删减或压缩。

第三步，层级删减。标题层级越多，占用篇幅越大，尤其是一级标题、二级标题。删减时，原来独立成段的内容，可以修改为"一是……；二是……；三是……"，直接衔接正文内容。如果需要进一步压缩篇幅，"一是……；二是……；三是……"都可以删除，使用加粗关键句的方式进行内容分层。

第四步，逐字删减。对修饰词、连接词等词语进行能删尽删处理，同时，将部分四字词语改写为两字词语，争取在有限的篇幅内，使用最少的字数，呈现最多的内容。

【情境】

年底，各单位准备开展评优评先工作。领导安排小白按照通知要求撰写先进支部申报材料，小白看到，通知要求先进事迹材料整体不超过2500字，另附简要先进事迹材料不超过500字。

小白汇总了支部全年的工作总结和工作简报，发现内容特别多，比如，支部推出了"党建工作督导负责人"机制、开展了"党建＋技术突破""党建＋智能攻关""红色志愿服务"系列活动、创新了班组建设百分制考核，此外，支部调研文章《党建工作与生产经营"双融双促"的实践与思考》获得了市三等奖。每一部分内容都有翔实的资料，500字完全不够用。

面对这种情况，应该如何撰写简要先进事迹材料呢？

简要先进事迹材料虽然字数少，但是微观层面的结构是相对完整的。执笔人可以分两部分撰写，第一部分写支部介绍，包括成立时间、人员构成、荣誉积累等；第二部分写具体的评优理由，可以用"一是……；二是……；三是……"的方法提炼标题，也可以用为标题加粗的方法分层次。因为很多执笔人对后者不熟悉，所以我用后一方法撰写样稿如下。

【样稿】

第四党支部成立于2018年6月，现有党员18名。支部认真贯彻执行集团公司"三个提升行动"总体部署，以标准化党支部建设为抓手，助力集团公司安全生产、提质增效。2020年6月，支部获得了"市先进党支部"荣誉称号；2022年7月，支部被评为"市五星级基层党组织"。

> **支部坚持"五转变五促进"建设理念，**推行"党建工作督导负责人"机制，党员的政治意识、责任意识和担当意识全面提升；**坚持"党建+"工作模式，**开展"党建+技术突破""党建+智能攻关"系列活动，推动实现项目攻关和成果转化；**坚持党建带工建、带团建，**"红色志愿服务"活动持续开展，创新班组建设百分制考核，员工干事创业的热情全面激发；**坚持重要决策调研先行，**支部委员累计到基层调研 28 次，形成调研报告 10 篇、调研成果 6 项，《党建工作与生产经营"双融双促"的实践与思考》获评市三等奖。

样稿全文不足 500 字，第二段虽然篇幅较短，但是仔细观察其内部结构，是相对完整的——每个层次都使用了"坚持××+具体举措+工作成效"的结构，呈现出"麻雀虽小，五脏俱全"的效果。总体来看，样稿层次清晰、逻辑完整，几乎没有多余的句子，而且用了不足 500 字，还有补充空间。

【学姐唠叨】

把长篇公文提炼成短文，难度最大的是在遴选笔试中作答，因为实际工作中多使用电子文本，可以反复删减、修改，遴选笔试则是方格纸作答，没有修改、涂抹的余地，必须一次成稿，对执笔人的即时提炼能力有更高的要求。提高该能力，执笔人需要在日常工作中反复思考、训练。

如何将工作简报归纳入工作总结

职场新人报到后，常见的状态之一是暂时没有被领导安排具体工作，每天在办公室如坐针毡，琢磨着应该看点什么、学点什么。被问到相关问题时，我会说，首先要浏览网页，了解单位的组织架构和目前正在开展的工作，然后把近 3 年归档的公文找出来，由近及远地看，特别要留意本年度刊发的工作简报，因为年底写工作总结的时候会用到。

工作简报是工作总结的重要来源，这是因为相较于重要稿件，工作简报篇幅不算长，但是足够精致，从标题、结构，到语言、内容，都经过了多次精修和多级审核，写工作总结时，很多段落和句子可以直接复制过来使用。

在这个过程中，有一个难点，即对单一的工作来说，工作简报中的内容往往特别翔实，而该工作体现在工作总结中，很可能是几句话带过，这对执笔人的精准提炼能力有非常高的要求。

【情境】

年底，领导安排小白撰写区纪委监委年度工作总结，小白汇总了基础素材后，发现自己需要对工作简报中的下列内容进行提炼。

激活神经末梢，提升监督质效。区纪委监委进一步健全"室组地"协调联动监督机制，紧盯县里的权、乡里的情、村里的点，统筹划分 8 个联动协作区，向乡镇、街道派出纪检监察员 20 名，设立村级巡察监督联络点 48 个，配齐、建强村级廉情信息员队伍，提升基层治理能力。

在撰写工作总结时，如果内容很多，或者领导明确表示某一部分工作不是年度重点工作，带一笔即可，执笔人就需要对工作内容进行提炼。情境中，区纪委监委做了一系列工作，本质是把监督力量向基层延伸，实现基层纪检监察组织和村务监督委员会的有效衔接，最终形成监督合力，推动乡村治理现代化。如果用一句话概括，可以提炼如下。

健全基层监督网络，释放更大治理效能。

工作简报和工作总结，都是语言扎实的公文，在细微之处有哪些差异呢？我认为，工作简报侧重介绍具体举措的实施过程；工作总结侧重介绍成果的取得及同比变化。

多分析高质量的工作总结，我们不难提炼出以下常用表述，见表 9.1。

表 9.1　工作总结的语言风格

具体工作	工作总结中的常用表述
一项工作刚起步	迈出坚实步伐
开展了一段时间的重点工作	向纵深推进
某项工作正在开展	建设全面提速、发展动能持续增强、持续推进、稳步提升、保持强劲势头、品质提档升级
形成了一定的工作成果	持续增产创效、成效显著、态势良好、运行高效、显著增强、创新成果丰硕、结构全面优化、环境明显改善、保持总体稳定

从工作简报中的"激活神经末梢，提升监督质效"，到工作总结中的"健全基层监督网络，释放更大治理效能"，语言格局明显更大。

问题 66

如何将工作总结调整为讲话稿

工作总结和讲话稿是公文写作中篇幅较长且非常重要的两个文种，两者经常互为素材来源。将工作总结调整为讲话稿的关键在于明确语言风格的微妙区别。

1 互动感的强弱

讲话稿是口头表达的纸面呈现。讲话者和受众之间有互动关系，因此，讲话稿有更为明显的讲述感。

【情境】

小白需要给领导拟一篇有关信息化建设成果的讲话稿，目前，他手头有一篇现成的工作总结，节选如下。

2022 年，我市不断加快推进新型城镇建设，全面构建城乡一体基础设施网络，努力提升城镇建设信息化、工业化水平。其中，大

美区企业信息化应用覆盖率位居前列。

执笔人如果不知道如何寻找"讲述感"，可以使用复述的方法对以上内容进行改写，即把以上内容盖住，用自己的语言把这段话说一遍，或者想象一个情境：其他单位来考察学习，自己要以讲述者的身份对其进行相关情况的简要介绍。

【讲话稿】

刚刚过去的一年，我市在加快新型城镇建设的同时，致力于基础设施网络的城乡一体化构建，走出了一条信息化、工业化融合发展的新路子。特别是大美区企业，信息化应用覆盖率达到100%，25家企业成为全省示范工程企业。

 ② 时态、语态的差异

工作总结是对过去开展的工作、实施的举措、发现的问题、查摆的原因进行归纳和提炼的公文，因此，即使最后一部分经常有"下一步工作思路""下一步工作安排"等内容，也多以陈述性语言呈现，而非以指示性、要求性语言呈现。举例如下。

（一）进一步强化思想引领，全面筑牢理想信念根基

（二）进一步深化作风建设，多点发力提升工作实效

（三）进一步夯实基层党建，助力基层治理提质增效

与工作总结不同，讲话稿是对未来的工作提出要求、指示的公文，围绕同一主题，撰写讲话稿可将语言调整如下。

一是要围绕中心转变观念，推进思想政治工作再上新台阶。

二是要统筹联动压实责任，推动作风建设不断取得新成效。

三是要积极探索勇于实践，开创党建引领基层治理新局面。

该调整中，我们把行文从 3 个三级标题修改为"一是……。二是……。三是……。"正文内容，让语言的讲述感更强。此外，工作总结的语言风格是向内收敛的，讲话稿的语言风格是向外释放的，这里面有微妙的区别，大家可以多读几遍，仔细体会。

如何将讲话稿修改为工作总结

将讲话稿修改为工作总结，即减少语言的互动感，寻找内敛、陈述的感觉。

【情境】✏️

主任安排小白撰写一篇工作总结，针对的工作是第一阶段招商引资"百日攻坚行动"，并给了小白一个成熟的文件做参考，该文件是一季度县领导在招商工作推进会中的讲话稿。

节选讲话稿部分内容如下。

【讲话稿】

招商引资是县域经济持续快速发展的重要动力。今年以来，全县各部门联动配合，把招商引资作为经济工作的重要抓手，一批大项目、好项目相继落户。下一步，各乡镇（街）、各部门要从大局出发，强化服务保障，不断提高招商引资工作的针对性和实效性。

一是要全面检查已签约未开工项目。压紧压实责任，定期通报项目进展情况，以及存在的问题、原因，确保项目尽快开工。

二是要专班跟进已签约项目。分包划片，一对一跟进，全面提升招商服务质量，实现精准精细服务。

三是要压茬推进重点产业项目。根据到位资金、工业占比、优强企业指标安排对接小组，紧盯重要时间节点，精细指导，统筹推进。

在该讲话稿的基础上调整时态、增加举措和数据成果，即可将其修改为符合要求的工作总结。

【工作总结】

一、强化服务保障，提高招商引资工作的针对性和实效性

自全市招商引资"百日攻坚行动"开展以来，大美县加大工作力度，创新工作机制，全面优化营商环境，各项工作有力有序推进，取得了阶段性成效。

（一）细化工作方案，分类施策，紧盯落地

为进一步提高招商引资实效，县政府制定了《关于加大招商引资力度，推动高质量发展的实施方案》，不断强化项目落地，做到一个项目一套落实方案。**一是逐个梳理未开工项目。**对尚未开工的8个牧业项目逐个梳理，目前已帮助6家企业完善手续，预计元旦前全部完成工商注册。**二是一对一跟进签约项目。**对已经完成签约的15个招商项目分包划片，一对一跟进。目前，我县农副产品交易市场、五金建材交易中心已初步呈现批次开工、接续竣工的向好态势。**三是压茬推进重点产业项目。**对已经开工的5个千万元以上产业项目，根据到位资金、工业占比、优强企业指标安排对接小组，紧盯重要时间节点，精细指导，统筹推进。目前，全县招商工作已形成"签约落地一批、开工投产一批、引进储备一批"的良好局面。

第 10 章

反复调整，改公文的
沟通困境

很多执笔人听过这样一句话："好文章是改出来的。"一篇公文，初稿写完后，往往会经历反复、多次的修改。应该如何面对反复修改公文、修改意见不一致、被要求给领导修改公文等情况呢？这是执笔人难以避免的难题。

　　本章详细介绍面对改公文的沟通困境时的破局方法。

公文为什么会被"笔杆子"改得"面目全非"

在学习公文写作的过程中，能被文字水平高的领导或"笔杆子"手把手地改上两年，是一件非常幸运的事，因为写作能力会有突飞猛进的提升。在工作中，执笔人，尤其是职场新人，要处理好和"笔杆子"的关系。

【情境】

小白工作两年后，被上级部门借调到了新单位，领导让小白跟着办公室"笔杆子"学习写公文的方法。小白通常的做法是，先自己构思出大体框架和部分内容，再问问"笔杆子"按这个思路写可不可以。"笔杆子"看完之后，总是说："可以的！"让小白继续写。但是小白写完之后将初稿交给"笔杆子"，发现"笔杆子"会对初稿进行大幅修改，改得就像一篇新稿子，但从来不说具体的意见，让他不知道自己到底哪里写得不好，或者哪里思路不对。

小白感到很郁闷，心想，是不是应该每次写前、写中、写后，

都要追在"笔杆子"后面问："我这样写对不对？你有没有什么好的建议？"才不至于让"笔杆子"大改呢？还是说，是因为全篇写得都不好，才会被"笔杆子"推翻重写呢？

小白遇到的情况涉及 4 个方面的问题，我来解释给大家听。

 ① 为什么明明问过了，写完还会被大改

这个问题看上去复杂，其实逻辑非常清晰。我把事情经过按顺序梳理一下，大家就会恍然大悟。

第一步，领导安排小白写公文。

第二步，小白思考后，有了初步思路。

第三步，"笔杆子"非常忙，在文山会海中焦头烂额时，小白带着自己的初步思路来问"笔杆子"："这个思路行不行？"

第四步，"笔杆子"拿过思路扫了一眼之后说："可以的，先写吧。" 事实上，只是看一下文件，即使是"笔杆子"，也很难立刻有成熟的思路，只能先尽量把工作进度往前推。"笔杆子"很可能是想先忙手头的其他工作，再研究处理小白这个活儿。这不是敷衍，是真的工作太多了，只能见缝插针地推进。

第五步，小白写完初稿，"笔杆子"拿过来看了看，发现不太行，一边想有没有更好的呈现方式一边改，不知不觉就会有"重新写了一篇"的感觉。

第六步，小白误以为，我问了你，你同意的思路就是确定的思路。事实上并非如此，思路什么时候确定呢？必须改这个稿子了，腾出手来研究的时候，边改边写边确定。

我写过很多获奖的演讲稿。很多执笔人来请教我如何写演讲稿时，我都会说，你参考我的公众号"陶然学姐"里的演讲稿《时间的重量》，先写一稿。执笔人写后，如果我感觉并不尽如人意，会腾出时间来分析稿子，如果发现有更好的切入点，便会彻底调整结构、大刀阔斧地修改出来，比如问题 42 中有关水利人的演讲稿的结构和《时间的重量》的结构完全不同。

那么，小白应该怎么应对这种情况呢？仔细研究每一次"笔杆子"修改稿件的思路，不要怕麻烦，先模仿，时间久了，接触的各类公文多了，慢慢就会积累并得到属于自己的经验。这个过程，其实就是我们读书时对照真题答案，琢磨答题思路、答案语言的过程。

✏️ ② 如果有人肯大刀阔斧地帮你改稿，要珍惜

在公文写作培训中，我发现，很多执笔人有因为修改公文导致的人际关系方面的困扰。比如，同事让我改他的公文，我不敢改怎么办？改多少合适？改多了会不会得罪人？

实际工作中，如果有"笔杆子"愿意帮你修改公文，很可能是以下 3 个原因之一。

①怕被抢风头，努力改出新意来，增加"存在感"。

②不改确实没办法交差。

③写得还行，但感觉差点意思。

显然，小白作为职场新人，和"笔杆子"不在一个竞争层次，第一个原因是不成立的。"笔杆子"大改小白的公文，很可能是第二个原因或第三个原因。为什么这么说呢？因为就算"笔杆子"被安排带新人，也可以只改个标点、语病、错字，没有必要劳神费力地大改别人负责的公文。就算公文质量不好，交上去后被领导退回来，领导也会叫执笔人过去，说"稿子不行，重新写一下"，对"笔杆子"而言，没有任何负面影响，最多是被领导安排陪执笔人加班。因此，如果有人愿意辛辛苦苦地帮你大刀阔斧地改公文，要心存感激。

 ③ **要不要写前、写中、写后都追问**

答案很明确——不要。因为即使你问，也问不出太多有价值的内容。这里不是说"笔杆子"知道怎么写，就是不肯说，而是真的说不出来。比如，单位组织一个宣讲比赛，你写稿前问同事："我按照这个思路写行吗？"对方只能说"行"，因为可能他自己都还没有思路。你写到一半的时候问："我这么写行吗？"除非对方把自己手头的全部工作放下，仔细研究你写的公文，否则不可能为你提供更好的思路。

问相关问题，执笔人的目的是什么呢？很可能是希望对方配合自己的工作节奏和工作进度。但是对方能做的，是先把其他更着急的工作做完，再来集中精力与时间处理你的事情，不然会被不停地打断连续的工作。如果执笔人工作时经常持续不断地向领导、同事提问，会打乱别人的工作节奏，让别人无法正常工作。

 ④ **能写，不代表能说**

情境中，小白提到，"笔杆子"不说具体的意见，让他不知道自己到底哪里写得不好，或者哪里思路不对。这种事情很好理解。我的一位闺密也是非常成熟的"笔杆子"，我曾问她："你觉得咱俩谁写得更好？好在哪里？"闺密回答："能写的人很多，但是能讲出来的寥寥无几。能用别人听得懂的语言讲出来的，更少。能让别人听得懂、听得进去，且声音好听的，还不认识第二个。"

讲这个有点浮夸的故事是想说，不是每个人都能把"怎么写""怎么改"讲出来。尤其是长期伏案工作的年长同事，很多是不善言谈，或者谨小慎微的。此外，为什么同事不会对你讲太多？因为对方是你的同事，不是你的老师。

讲多了，对方不一定领情。职场人大多懂得这个道理。那么，如何增进与"笔杆子"的沟通呢？在非工作场合，比如在食堂用餐时、在同行的路上虚心请教、交流，可能效果会好得多。

直接领导水平不高但爱改怎么办

在公文写作培训中，我经常听到执笔人对自己的领导表示不理解，说领导的公文写作能力不行，但是特别喜欢改来改去，自己写的公文明明是过关的，领导改完，质量反而不如修改前。为什么会出现这种问题呢？

 1 领导改的是对的，执笔人判断有误

出现这种情况，很可能是执笔人站位不对、经验不足，导致暂时理解不了领导的修改思路。道理很简单，比如直接领导更了解大领导的语言风格，会按照大领导的习惯对执笔人的公文做调整。那么，我们如何判断领导的修改思路的正误呢？按照领导的意见修改后继续向上提交审核，如果大领导没有进行反馈，说明直接领导的修改思路是对的。

② 领导确实不擅长文字工作

这种情况比较棘手。有可能领导是业务干部出身，不擅长文字工作，但是出于管理责任或者树立威信的需要，喜欢对无误的文稿提修改意见。我遇到过类似的情况，自己写的第一稿没有问题，直接领导修改后，大领导改回了第一稿。这样工作，内耗非常大，实践中，我们可以使用以下几种方法处理类似情况。

①争取直接领导的信任。工作之余，多和领导交流，让他知道你会很好地处理工作，进而让他更放心地认可你拟的公文。很多时候，人与人之间的关系融洽了，工作困扰会少很多。

②保存好两个版本的稿件。如果沟通解决不了问题，直接领导执意要按照自己的想法修改稿件，那么可以选择执行命令，但是保存好第一个版本的稿件。收到大领导的反馈意见后，把第一个版本的稿件交上去。有过几次沟通后，大领导基本能够明白，是中间环节影响了效率，有可能会直接与你沟通。使用这个方法，要注意考虑直接领导的感受，不要出现"越级汇报"的情况。

③留出明显瑕疵。在《从零开始学公文写作》中，有一个章节讲了"漏洞技巧"，很多读者反馈说非常有用。工作中，我们会发现，有的直接领导并非故意要大修大改，要求执笔人换一个

角度写写，让改稿，只是因为以他的文字水平，实在看不出内容有什么问题，但是又要尽到自己的审阅责任。面对这种情况，执笔人可以在文字表达上留一个不完善但是无伤大雅的"瑕疵"，领导很轻松地发现后，很可能会动笔修改这里，放弃更多的"内耗"。当然，我们并非是在鼓励这样做，只是出于更快地推进工作的需要，想办法适应不同领导的风格。

两个领导，两种风格，来回改十几遍怎么办

有时候，执笔人在改公文上花费的精力比在写公文上花费的精力还要多。有的执笔人说，自己刚到新单位，负责写上网信息，需要经过直接领导和分管领导两位领导的审批，两位领导的风格和想法完全不同，要求都很高，一篇公文，经常要来回改十几遍，浪费很多时间，上级部门要求在两天之内报送公文，因为反复修改，他的报送经常超期。

这个问题，在工作中比较常见，我个人认为，合理地处理相关情况，有以下两点要注意的事项。

第一，从源头上保证自己写的公文是站得住脚的。

执笔人发现直接领导和分管领导是两个思路后，要琢磨一下自己的思路和分管领导的思路有多大差异。如果思路一致，说明是中间沟通环节出现了问题，那么，执笔人需要做的是优化中间沟通环节，减少沟通成本，比如沟通直接领导，请他带着你一起去

跟分管领导讨论文稿，减少转述带来的理解偏差。

如果执笔人的思路和分管领导的思路差异很大，和直接领导的思路也不完全相同，意味着对于同一项工作，出现了执笔人、直接领导和分管领导 3 种撰写思路，这说明执笔人的撰写思路本身就是不符合要求的。换言之，是执笔人没有准确理解两位领导的想法。

第二，努力让意见在磨合中趋向一致。

对公文提出修改意见的过程，本身就是意见在磨合中趋向一致的过程。比如，直接领导提出了 5 点修改意见，执笔人文字基础薄弱，只改了 50%，出于对报送时间的考量，为避免因再次退回修改而延误审批流程，直接领导可能会决定先交一版"差不多"的公文，再结合分管领导的反馈意见一并修改，这会导致表面上看两位领导的想法不一样，但是沟通磨合后，很容易趋向一致。

直接领导给上级领导写的公文，如何帮忙改

工作中，还有一个经常困扰执笔人的问题，即应该如何给领导改公文。

【情境】

小白所在的单位近期要组织召开一个会议，需要办公室准备发言稿。因为要得急，办公室主任自己写好了发言稿，安排小白用一个小时的时间帮忙精修一下。小白接到任务后，第一遍，通读全文，用了 20 分钟；第二遍，带着思考去读，又用了 20 分钟，这样，仅剩最后 20 分钟。小白感觉很为难，这么少的时间，怎么可能精修一篇发言稿呢？更何况，自己的水平根本达不到帮助领导精修公文的程度，如何帮领导精修发言稿呢？

看完这个情境，想一想，小白的问题出在哪里？出在对"精修"这两个字有错误的理解。"精修"是什么意思？是精雕细

琢，就像在这本书中，我列举案例后，会对修改前和修改后的内容进行对比分析，让站位更高、语言更凝练、力度更恰当、分寸更到位。对于职场新人或者文字基础并不扎实的执笔人来说，怎么可能在短时间内精修出一篇公文呢？

那么，问题来了，为什么领导明明知道小白的工作经验有限，还会让小白精修自己写的发言稿呢？很简单，这项工作本质上是交叉复核工作，虽然用了"精修"一词，但是并非"精雕细琢"之意。领导日常事务繁忙，需要处理大量沟通协调事务，撰稿时难免经常被各种会议和电话打断，有一些细节可能照顾不到，还可能会出现笔误。一个小时的时间，其实是足以完成一篇发言稿的复核工作的。

基于以上分析，我们可以梳理出在这种场景中给领导修改稿子的 3 个要点。

 ① 复核有无形式上的瑕疵

公文写得比较快，领导也难免出现写了错字、用了错误的标点符号、多字漏字等情况。小白的"精修"过程，其实是一个交叉复核的过程。复核时，一定要仔细，如果复核后仍残留错字等问题，小白可能会被贴上"大事做不了，小事做不好"的标签，让

人觉得"不靠谱"。

复核有无内容上的明显问题

小白并不了解目标工作的背景和领导要求，因此，复核公文时，很难对站位、结构提出修改建议。领导撰稿时，有时会因为素材陈旧或时间紧张、工作忙碌，出现内容上的明显问题，比如重复粘贴段落、标题序号编排不连续、会议届次有误、领导职务没有更新、部门整合后名称未更新、日期有误、数据前后不一致、数据逻辑关系不合理等。这些都是比较重大的问题，如果执笔人没有发现，领导也没有进行再次复核就上报，很有可能被上级部门领导批注出来，甚至在会上质疑，导致不良影响。

给出必要的提醒

除了查出形式上、内容上的明显瑕疵，还有一点，小白必须关注，即给出"必要的提醒"。如果领导写错了部分内容，比如把请示和报告进行了杂糅，在标题上出现了错误；本单位领导出现了负面事件，公文中仍然存在对错误观点的引用；上级部门多次强调不再使用的陈旧提法，公文中仍有提及等，执笔人复核时发现了要委婉地提出。

有的执笔人可能会担心，给领导写的公文提意见，会不会冒犯领导？如果执笔人真的发现了以上 3 个方面的问题，特别是第 3 点，给出了"必要的提醒"，其实领导是会感谢你的。

按照以上 3 个要点完成复核工作后，执笔人还要注意一点，即与领导的沟通方式。如果领导习惯于看纸质稿件，那么发现错字等问题后，可以用铅笔在纸稿上标注出问题。对于数据、观点表述等内容层面的问题，如果执笔人不了解实际情况，有可能会出现执笔人以为的"错误"不是错误的情况，此时，不建议使用"领导，有几处错误跟您汇报一下"等表述，可以说："还有几处想跟您确认一下。"更为妥当。

第 11 章

忙而不乱，办文不容忽视
的细节

在前面的章节中，我们了解了字词、句段、结构的撰写技巧，以及对应具体文种的难点问题。此外，还有一个问题不能忽视，即办文环节中对工作素材的整理和使用。这些工作素材，是公文的字、词、句、段、篇的重要来源。

　　本章详细介绍办文环节中不容忽视的细节。

整理领导讲话的录音，快速、准确并不难

整理会议或者活动中的领导讲话录音是很多职场新人常做的工作，这个工作可以简单，也可以很难。简单在于执笔人只需要把音频素材整理成文字稿，难点在于如果直接整理，耗时特别长，想要快速提炼，功夫又不到。

【情境】

上级领导要来小白所在的单位开展调研，领导安排小白在调研之后把录音笔中的上级领导说的话全部整理成文字稿。小白很忐忑，做录音整理工作需要注意些什么呢？有没有可以提前做好的工作呢？整理后发现内容有好几十页怎么办呢？

在讲解整理讲话录音的方法之前，我先讲一个重要前提——不要使用自己的录音笔完成录音工作。在我的公众号"陶然学姐"的后台，经常有读者留言询问："做录音准备工作时，要不要去

买一支录音笔？"我的建议是不要买。

为什么呢？因为工作中，我们使用的电脑、打印机、相机、录音笔等硬件设备都是集中采购并由专门部门进行登记管理的。有一些业务保密要求更高的单位，甚至会按照保密等级进行严格的分类管理。执笔人使用自行购买的录音笔进行录音，极有可能造成领导的讲话信息外泄，是处于违规边界的风险事项。

在进行语音转文字的时候，也要请教一下领导和资深同事，可以使用哪些单位允许使用的工具。部分录音笔自带语音转文字的功能，如果恰好使用的是无法直接进行语音转文字操作的录音笔，注意不可以擅自把领导讲话的音频文件导入第三方互联网软件的云端。在实地录音时，执笔人还要注意检查录音笔的电量、存储空间，建议准备两支单位配发的录音笔，做双备份。

了解以上几个可做与不可做的事项后，我们可以着手整理录音素材了。在整理录音素材的过程中，有以下几点要特别注意。

1 提前了解背景信息

整理领导讲话的录音，需要做大量的将口语转化为公文语言的工作。针对会议讲话，可以提前向相关部门要全套的会议材料，开会前就把框架结构写好，录音内容仅作为内容填充，这样，基本上开会前就完成了一半的整理工作。针对上级部门领导的视察、调研，可以从以下几点着手做好准备，见表 11.1。

表 11.1　整理录音素材的准备事项

准备事项	目的、作用
了解本次视察、调研的目的、主要行程、重点事项	①把握工作重点。听讲话的时候有的放矢地整理重点问题。 ②扫除理解难点。提前收集相关的专有名词和数据资料，防止在整理录音时出现对个别词汇的错误理解。 ③及时捕捉数据差异。提前了解重点数据，做到心中有数。如果现场领导提及的数据和自己掌握的数据有较大差异，及时核实
了解讲话者的履历背景	如果前来视察、调研的领导口音较重，或者执笔人自身是异地考入的工作人员，听、说当地方言还有困难，可以请示领导，安排一位熟悉相关方言的同事陪同

② 带了录音笔，也要用笔记

为什么带了录音笔还要用笔记呢？这是出于两方面的考虑。

第一，保证原始资料完整，避免录不清、录不全。

有的调研现场，年轻的执笔人因为职级较低、站得较远，无法清晰录制领导的讲话内容；有的活动现场，受场地天气、环境噪

声的影响，会出现无法清晰录制的情况。在这些情况下，手写笔记可以作为音频素材的重要补充材料。

第二，方便快速定位内容，避免在十几万字中找重点。

一个活动的录音，通常能整理出来几十页的内容。一整天的随行录音，甚至会整理出来十几万字的原始资料。因此，在现场录音的过程中，随领导到达新的目的地或领导讲话切换为新的主题时，要在笔记本上即时标注时间、地点和主题，避免后期在大量素材中"大海捞针"。根据笔记本上记录的时间点，整理时往往能直接定位到对应的原始资料。

【学姐唠叨】

工作中，我更习惯于用笔做记录，这样可以锻炼自己的快速记忆能力和快速提炼能力。也就是说，领导讲话时，我会尝试同步提炼要点、草拟标题。这两个能力是执笔人顺利通过遴选笔试的关键，因为遴选笔试的材料阅读量越来越大，如果工作中没有长期的、有意识的打磨、训练，是很难在考场上迅速读懂几万字的文字材料的。

3 整理一份原汁原味的文字稿作为备查资料

在《从零开始学公文写作》的介绍撰写讲话稿的技巧的章节中，我分享过，要原汁原味地记录领导的一些有个人特色的语言。整理讲话录音时也是如此。有的领导语言风格比较接地气，有一些自己喜欢用的句式，要原汁原味地记下来；有的领导会提出一些肯定、批评或者要求，要一字不落地整理出来。

为什么要这样做呢？因为工作中最好逐一留存原始资料，以备后期反查。比如，你将精简、分类和完善后的文本呈报领导，领导对某一个要点的记忆与你加工后的文本存在出入，或者针对某一项重要工作，需要再现当时的场景，你需要在原始资料中寻找对应的表述。

4 梳理一份逻辑清晰的文字稿报领导审定

整理领导的讲话录音时，最忌讳的一点是将文字稿写成流水账，即眉毛胡子一把抓，把所有事项杂糅在一起。这样整理，领导一定会摇头说："没有重点，重新整理。"这里，我分享几点整理经验。

第一，按内容主题进行分类。

如果领导调研时先谈农业，再讲工业，最后回到了农业上，补充提了几点要求，说明领导的即兴讲话存在顺序上的反复、跳跃。那么，执笔人整理领导的讲话录音时需要做一个合并同类项的工作，把领导提到的关于农业、工业的重要观点和论述、指示、要求分别提炼出来汇总到一起，用要点的形式呈现。如果还有一些简单提及、无法归类的分散工作，比如针对招商工作讲了几句、针对文旅工作讲了几句，可以统一归类到"其他工作"中。

第二，补齐逻辑要素。

领导在非正式场合讲话时，可能会出现逻辑要素不全的情况。出现该情况，可能有以下两个原因，一个是非正式场合的讲话不需要过于严谨地追求语素成分齐全，就像我在写公众号文章时，有时会为了追求高效、简洁的表达，让渡一些语法规范；一个是讲话者思维敏捷，表达存在跳跃性，想到哪里说哪里，在现实场景中不会引人误解，但是呈现在纸面上容易出现误读。

【情境】

小白所在单位的思政教育展厅落成开放，领导来调研参观。参观到网络专题教育展部分，领导即兴讲了一些话。

【即兴讲话】

年轻人，阳光活力非常重要，现在的年轻人上网多，网上各种观念多，讲究利益、讲究实用、讲究挣一分钱出一分力，物质利益导向，你们这方面做得不错。

说这段话，领导想表达的重点是要加强对上网年轻人价值观的教育、引导。如果脱离场景，断章取义地看，很容易产生误读，尤其是"物质利益导向，你们这方面做得不错"这句话。整理时，执笔人需要把前因后果补充完整。可整理成如下所示的文字稿。

【文字稿】

互联网呈现观念复杂化、利益实用化、价值多样化的特点，作为网络用户主体，年轻人思想活跃，更追求个人付出与回报的对等，容易为现实社会的物质利益所诱，要做好价值观念的引导和心理心态的干预，使队伍永葆生机活力和阳光心态。

执笔人在整理领导的讲话录音时，很容易因为站位不高、工作经验不足、信息不对称导致对重点的把握、对语言表述的提炼不够准确。因此，执笔人整理好领导讲话录音的文字稿后，要在文件的标题下方注明"根据录音整理"，并请领导审阅、把关。

问题 73

如何发现领导批注中的"宝藏"

在《从零开始学公文写作》中，我分享了如何根据批注理解站位、优化逻辑。本节，我针对执笔人日常遇到的难点问题做进一步补充讲解。

① 认不出领导写的字怎么办

根据批注意见进行修改、优化的前提是知道领导写的批注意见是什么。在工作实践中，我们经常遇到一些领导，或因为年纪较大，或因为书写习惯特殊，批注的文字很难看懂。怎么办？想一想，是不是几乎每个单位的"笔杆子"的"识字能力"都特别强？这是为什么呢？因为写公文的时间久了，会不自觉地掌握很多"猜字"的方法。

第一，根据书写习惯猜。

在平时与领导的接触过程中，如果发现他对个别字有自己的连写习惯、简写习惯，或者喜欢使用草书字体，执笔人要有意识地记忆。比如，很多领导在写"清"字时，喜欢使用草书字体，如图 11.1 所示。

图 11.1 草书"清"字

第二，结合上下文猜。

面对直接领导或者分管领导的批注，如果有看不懂的字，执笔人是有机会去当面询问的。但是，很多文件流转到执笔人手里的时候，不知已经过了多少人，执笔人几乎接触不到写批注的领导。这种情况下，执笔人需要通过上下文以及句子之间的逻辑关系，猜测批注的意思。在我的公众号"陶然学姐"里有一期视频，专门讲解根据逻辑关系猜批注的过程，大家可以检索学习。

② 重视领导对低级错误的批注

如果领导对你写的公文中的低级错误进行了批注，说明你的领导做事非常严谨、细致，注重且擅长处理细节问题。那么，此后跟这位领导沟通文件时，尤其注意不要再有错字等低级错误的出现。关于如何自己检查出自己所写文件中的错字，在《从零开始学公文写作》中有详细的方法介绍，此处不再赘述。

③ 关注领导写在标题上方的批注

有时，领导会在文件的页眉下方、标题上方的空白处写一段话，出现这类批注，通常有两种情况：第一种是肯定性批注，表示该文件内容可以考虑纳入年底述职或工作总结的工作成果部分；第二种是建议性或否定性批注，表示该文件需要大修大改。如果领导看完文件，感觉整体都不对，没有办法动笔修改，只能通过这种方法明确针对整体的修改意见。

④ 注意揣摩领导写在字里行间的批注

揣摩领导写在字里行间的批注，重点是关注以下 3 点。

第一，领导遣词造句的习惯。

举个例子，有些领导特别喜欢说"模式"，那么，执笔人撰写公文时，最好多对日常工作进行提炼，找到抓手来推动工作。此外，揣摩领导写在字里行间的批注，还可以看出领导喜欢用长句还是喜欢用短句，喜欢用讲究的语言还是喜欢用朴素的语言，下次写领导讲话稿的时候，融入同样的风格，更加高效。

第二，领导用词的严谨程度。

举个例子，领导在字里行间频繁补充"不低于""至少""不超过""含""包括但不限于""可能发生""存在一定的"等类似表述，说明他对严谨程度的要求是比较高的，那么，执笔人再跟这位领导"过招"的时候，要特别注意用词的严谨性、数据的准确性。

第三，领导撰文的逻辑、思路。

举个例子，领导在执笔人写的公文上画大大的叉、画长长的一道，或者圈出一大段，画箭头指向其他页，说明什么呢？说明这篇公文的横纵结构存在问题，需要大调大修。

按照领导的要求调整公文的层次结构后，执笔人要重新梳理、体会一下调整后的逻辑关系。为什么领导把第二点调为第一点，把第三点调为第四点？各部分之间到底是怎么咬合的？领导习惯于怎样阐述类似的事情？……理解领导的思路，所写公文才能越来越贴近领导想表达的意思。

【学姐唠叨】

看完以上内容，执笔人可能会想，平时工作这么忙，哪有时间做这么细的分析呢？事实上，以上分析看起来多，只是因为我对思考过程进行了拆解呈现，实操中，拿到领导的批注意见，可能几分钟就能完成上面的所有分析。本质上，这是一个熟能生巧的过程。

问题 74

不用录音笔，也能又快又好地记录会议内容

工作中，很多会议不允许参会者携带录音设备，这时候，执笔人需要用纸笔完成对整场会议的记录。我记得，在我工作的前几年，部门领导带我参会，记不全时经常借阅我的笔记，并问我是怎么记得又快又全，书写还相对工整的。

从根本上讲，我认为是因为量的积累足够大。我参加过很多证书的考试，备考过程及正式考试题量大、时间短，所以我被迫练就了快速、工整写字的能力。在公文写作培训中，有学生通过话筒传递的敲击键盘的声音，发现我打字很快，这也是因为练习得足够多——写公众号的文章、写书、日常答疑等，我一年打字的数量可以达到百万量级。这些练习过程，极大地提升了我的工作效率。

那么，如果执笔人刚参加工作，还在摸索、学习中，怎么又快又好地做记录呢？我可以分享以下几个实用的方法。

简写核心词汇

各单位每年都会明确全年的工作思路，并时常明确不同具体工作要遵循的原则，领导讲话中也常引用重要观点和论断，对于这些内容，执笔人要留心并尝试记忆。熟悉各项工作后，领导提要求时，比如领导说"踔厉奋发，勇毅前行"时，在笔记中，你只需要记一个"踔"字就可以了，用一个字，带出一个核心词汇，甚至一句话。

 用同音字或拼音替换复杂汉字

有些汉字的笔画特别多，会在做笔记时拖延时间，这时候，可以使用同音字或拼音进行替换。比如，领导说："这件事情给我们带来三点警示。"其中的"警"字笔画太多，来不及写的时候可以用简写的"井"字做替换。在工作中，我经常看到一些年长的同事遇到"问题"两个字时会用门字框内加"T"的形式代替，这样，可以用简单几笔记录讲话者的意思，省时省力。

有时候，英文简写也可以帮助执笔人完成对逻辑关系的速记。比如，记录"要正确处理五对关系：……"，可以用"vs."连接5个关系；记录"初步拟定了××（多个）方案"，方案之间可以使用"or"连接。此外，为了更精准地回忆起领导对某件事的强调力度或表达情绪，在部分记录旁，我会画一些开心的或者不开心的表情符号，这样，后期整理时就知道要选用何种力度、情绪的词汇了。

【学姐唠叨】

有执笔人问我："要不要专门去学一下速记法？"我是没有学过的，因为用以上方法基本能够从容应对各种记录工作。不过，对于部分承担速记工作的工作人员来说，速记是必修课，其使用的速记符号和书写顺序与日常工作有所不同，这是重要岗位的特殊需求，执笔人根据自己的实际情况选择应对方法即可。

3 抓大放小，观点类的内容必须准确记录

在会议记录的各项要求中，最重要的是观点类内容必须准确记录。这里的"准确"不仅是"质"的准确，还有"量"的准确。"质"的准确是什么意思？是说某件事我们是做还是不做，是对还是不对，也就是"是与非"的问题。"量"的准确则是要以多大的力度去推动某件事情，比如，我们要表彰人员，给予什么程

度的表彰。这些会议内容，必须准确记录。

④ 绘制思维导图

除了可以使用思维导图软件绘制思维导图，我们还可以使用纸笔绘制思维导图。比如，领导在会上说了五大点，每大点中包括三小点，第一小点里又有三层意思，如"一是要……；二是要……；三是要……"。记录的时候，我们就可以绘制思维导图，层次清晰，整理便捷。

⑤ 熟悉领导的讲话习惯

有些领导讲话时经常使用俚语、谚语，还有些领导学术造诣比较高，开会时经常旁征博引。遇到这种情况，我们不必在会上记录完整的句子，只需要记前半句，会后再检索全文和出处，补齐要素即可。如果我们能在工作中留意领导的讲话习惯，不断加强素材积累，记录时会更加轻松。

辛辛苦苦写完后，打印常踩 8 个"坑"

很多职场新人经常说一句话："每天上一当，当当不一样。"为什么辛辛苦苦写完公文，在最后一个环节——打印时也能出现意想不到的差错，导致前功尽弃呢？我汇总了执笔人打印文件时常犯的错误，每次写完公文后，对照本节内容进行全面检查，基本可以避免打印出错的问题。

 ① 警惕打印机缺纸不提醒

有的单位的打印机较为陈旧，没有缺纸提醒功能，打印长篇材料时，很可能执笔人以为打完了，事实上打印没几张就没纸了。如果打印的是一份长篇讲话稿，执笔人拿起打印出来的稿件急匆匆交给领导，领导急匆匆带去开会，在会场上讲到一半卡壳了，才发现是一份没有打印完整的讲话稿，即使这篇讲话稿写得再好，也会功亏一篑。

② 警惕缺页问题伴随空白页问题

如果打印机经常出现缺页的情况，那么一定要小心另一种"打印事故"的出现——多出空白页。比如，一份文件经过写作专班辛苦加班、反复打磨定稿后，总共 6 页纸，打印机打印出了 7 页，最后一页是空白 A4 纸。如果刚好你是给单位主要领导送文件的人，领导问你："最后一页的内容没打上吗？"无论怎么解释，都非常尴尬。

 ③ 警惕使用打印复印一体机丢落文件

有了以上经验，部分执笔人吃一堑长一智，后续打印时不再使用旧打印机，换用智能新型打印复印一体机。我们模拟一个情境，这次需要复印的是人事部门的内部文件。正在复印时，执笔人接到了领导的催促电话，赶紧拿起复印好的文件一路小跑给领导送过去，导致后面排队复印的同事掀起一体机的前盖时，原件安安静静地"躺"在那里，内容一目了然，想不看都难。这就属于比较严重的工作失误了，执笔人一定要注意。此外，复印时还要注意，复印机是否会一次吸附进两张纸——这会导致漏页情况的出现。

4　警惕打到一半打印机缺墨

有的执笔人不喜欢去办公室领取耗材，总是能省则省，比如，打印机提示墨汁不足，就把墨盒拆下来，两头在地板上磕一磕，装回去继续使用。节约办公耗材，的确是我们需要养成的良好习惯，这种"两头磕一磕"的方法可以用，但是一定要注意打印后逐页复核，以免出现字迹不清、黑白灰相间，甚至大面积打印缺失的情况。

5　注意文件的密级标识

体制内职场新人报到后接受的培训中，都有一个重要专题——保密教育。不同文件的制作、存储、打印、存档有不同的、明确的规范要求，执笔人打印、复印文件时，一定要注意文件上方的密级标识，使用正确的打印机、复印机。不同等级的文件，不可以在使用设备上发生交叉、混同。

如果说前面几个错误是可以得到谅解的，这个错误是绝对不可以出现的。

⑥ 使用不熟悉的机器，打印 PDF 版本的文件

讲话稿基本定稿后，因为执笔人对稿件更为熟悉，领导往往会安排执笔人陪同参会，并带上电子版稿件，路上再复核、修改一下，到了会场，借用会场的电脑和打印机打印定稿。如此操作，有一种情况很常见——定稿后，执笔人赶紧去找上级部门的办会人员打印纸稿，结果发现会场的电脑日常只用于播放 PPT，没有安装常用的公文字体，导致打印出来的纸稿上的文字字体非常奇怪。

这个问题很好解决，借用外单位或者其他人的电脑和打印机打印文件时，可以提前导出一份 PDF 格式的文件，避免打印时出现乱码等错误。

 ⑦ 警惕打印设置出问题

按照规定，有的文件需要双面打印，若执笔人对打印机的设置不熟悉，设置双面打印时出现错误，很容易导致领导需要的文件背面没字，以为打好了，事实上只打印了二分之一。还有的文件中有宽幅表格，需要设置横版打印，双面打印时，需要勾选"短边翻转"选项，如果打印完这类文件，紧跟着打印一个需要竖版

打印的文件，短边翻转就会出现页面错误。

 打印装订要谨慎

在单位组织的重要活动中，经常有上级领导出席并致辞的环节。这类公文篇幅较短，大约在一页半纸到两页纸之间。对于页数较少的文件，装订时要注意将纸张反面的订书钉边缘压实，因为给领导递送文件的瞬间，翘起来的订书钉边缘容易划破对方的手指。

【学姐唠叨】

公文的撰写，不只是"写作"这一个过程，能否做好细节，是对执笔人综合能力素质的检验。现在，大家应该可以理解为什么"笔杆子"考虑问题通常比较周全了吧？

第 12 章

放平心态，自我修行是
一生的功课

经常有执笔人问："我到底是否应该选择公文写作这条路？"10年前，我可能会从执笔人的性格、特长、长处、短处等方面入手加以分析，判断对方能不能写、适不适合写。10年后，随着年龄和阅历的增长，我渐渐感觉到，公文写作，有时候可能不是选择，而是答案。年轻的时候，有些人以为去了业务岗可以"逃"过一关，殊不知公文写作会在后面的遴选笔试环节等着他；工作几年后，有些人以为自己终于走上管理岗位，可以安排下属写，殊不知拟任的管理岗位可能刚好是办文办会部门负责人。如今，我会在养育女儿的过程中对她说，写作就像我们吃饭、呼吸一样，是和我们相伴相生的，能够给我们提供精神营养。

　　本章详细介绍公文写作过程中的心态调整方法。磨炼公文写作水平是一个煎熬的过程，但这个煎熬的过程并不是无意义的，它会让我们的文字冷静却有温度，也会让我们拥有一颗被千磨万击后包容万象的心。

写公文，白天拖、晚上熬，低效人生太辛苦

很多执笔人有一个不健康的写作习惯，即深夜写作。一箱泡面、几包咖啡、几盒茶叶，往往是加班的标配。久而久之，头发、皮肤、身材和身体的各项指标都会出现问题。

熬夜写公文主要有以下 3 种情况。

第一种，执笔人已经走上领导岗位，白天大部分时间在沟通协调工作事务或者参加会议，只能用晚上的时间撰写、修改公文。

第二种，执笔人白天需要处理各种杂事，琐碎的工作会把写作时间切碎，导致写作效率极低。如果执笔人对安静的环境、连续的时间和写作的专注度要求较高，就只能用晚上的时间加班撰写公文了。

第三种，执笔人习惯性拖延。这种执笔人接到工作就开始习惯性发愁，拖延两三天，不到截止日动不了笔。

对于本书的读者来说，后两种情况更为常见。

1 年轻人，从参加工作开始就要养成好习惯

刚参加工作时，很多职场新人经常会听到一些职场"老人"分享"经验"，比如"白天根本没办法干活，公文都得晚上写""都工作了，还学什么？学这个没用"等。对于这些话，年轻人要保持清醒的判断力。

判断的重点是，这些话是不是属于情绪化表达？如果对方整天抱怨，对什么都不满意，领导不好，同事不行，待遇也不行等，他说的话大概率是情绪化表达。向这样的人请教问题，对方很难给予实质性的帮助，只是不停地宣泄自己的情绪。

年轻人刚参加工作时，可塑性极强。从来没有一定之规，说只有夜深人静的时候才写得快、写得好，所以，一开始，我们就不要让自己有这样的心理暗示。随着工作数量的增多和难度的加大，我们需要锻炼自己瞬间切换注意力的能力和即时专注的能力，也就是说，要降低自己对安静环境的依赖程度，让自己能在任何时间和空间内动笔写作。

2 调整作息，养成早起写作的习惯

我在工作的第 3 年发现，熬夜对女生的身体影响非常大，于是下决心调整自己的作息。比如，拟一份重要的文件大概要用 10 个小时，白天，各种工作会占用不少时间，最多拿出 5 个小时写作，也就是说，在正常的工作时间内，有 5 个小时的缺口。如果选择下班后（下午 6 点后）继续写白天没写完的文稿，那么，完成文稿就是半夜了。面对这种情况，我会选择早起，比如从早上 6 点写到 8 点，中午也多写 1 个小时，晚上再写 2 个小时，把时间缺口用早、中、晚的时间穿插补齐。

如果时间依然不够用，可以继续把起床的时间前移半个小时，中午也多写半个小时。试一试，你会发现早起是一个非常好的时间管理方法，每天早上 6 点起床，会感觉一整天的时间变长了。这是对加班情况的应急处理，在没有万全之策的情况下，比熬夜对身体的损耗小得多。

 ### 3 借助工具，减少内耗，实现即时专注

无论是《从零开始学公文写作》，还是本书，我都是在业余时间写完的。也就是说，写作过程是这样的——刚写了 200 字，女儿就来请教积木如何搭；又写了 300 字，快递电话响了；继续写了 500 字，接到需要处理的棘手工作……做了父母的执笔人都知道，在家写作，几乎不可能有连续的时间和安静的环境。

面对这种情况，我们可以借助专注类 App 和音乐类 App，减少内耗，实现即时专注。在我的公众号"陶然学姐"中，有对各种效率工具进行测评的推介文章。

接下来，简要介绍一下非常有名的、解决注意力不集中及做事拖延问题的学习方法，叫作"番茄学习法"。番茄学习法的核心是对学习进行合理规划、对时间进行平均分割，比如每次工作 25 分钟，休息 5 分钟。这不仅能减轻时间焦虑，也能在短暂的时间内更好地集中注意力，提高工作效率，进入良性循环。

我使用这个方法安排自己的时间，比如，距离中午去食堂吃饭还有 15 分钟，这个时间段几乎没有办法用来写作，很多执笔人会看看新闻、刷刷短视频，把时间浪费掉。其实，这时，我们可以使用专注类 App，设置 15 分钟专注，启动之后，其他手机应用都无法使用，且会弹出倒计时画面，帮助你瞬间进入紧张的状态。用这样的方法，把一天中每个时长为十几分钟的琐碎时间段都利用起来，甚至可以多拥有几个小时的"专注时间"。

即时专注的实现，还需要情绪的配合。如果执笔人刚刚和同事因为工作职责分工发生了分歧，情绪波动较大，可以听一些节奏舒缓的音乐，让自己沉静下来，逐步进入专注状态。

问题 77

理科生被安排写公文，如何突破心理障碍

在公文写作培训中，经常有学生问我："我是一名理科生，领导安排我写公文，我该怎么办？"这会引出一个更加深入的问题：想写好公文，必须是文科专业出身吗？答案非常确定，并不是。

在第 4 章中，我讲过，写公文高度依赖逻辑思维。这一点和法学特别像，很多著名的法学教授，本科阶段学的是理工类专业。与文史类专业不同，理工类专业的学习过程中有大量的逻辑推演机会。工作中，执笔人可以了解一下本单位的"笔杆子"，会发现文科专业出身的资深执笔人并不多。

所以，在写公文这件事上，不要还没有动笔，就给自己贴上"不能写""不会写""没法写"等标签。这样的心理暗示会让你对写作这件事越来越抵触、抗拒，在被动接受的情况下痛苦不已。

对于公文写作这件事来说，逻辑思维能力强是理科生的优势，如果一定要找出一些短板，一个是可能对文字背后潜藏的情感、情绪的捕捉没有文科生那么敏感；另一个是如果日常阅读量不大，诗词典故的积累会稍显不足。也就是说，在工作中，理科专业出身的执笔人要重点做两方面的努力。

第一，提高对基础字词的消化理解能力。

生活中，经常有女生抱怨自己的男朋友是"钢铁直男"，比如，同样是夸赞他人，有的人只会说："哇，好棒！"有的人则会说："幸得识卿桃花面，从此阡陌多暖春。"对字词的把握是否准确，在公文写作中体现为下笔力度的强弱是否得当和起承转合的设置是否自然。如果你刚好在这方面有所不足，阅读单位的优质公文素材时，可以有意识地对自己不会用的一些表达方式进行整理、记忆。

第二，加大文史哲书籍的阅读量。

很多执笔人阅读文史哲书籍时，总是感觉自己理解不了、读不下去。在公文写作培训中，有一位非常优秀的学生分享了自己阅读经典著作的方法，即在读一本书时，想象自己是在和作者对话，大家可以试一试。针对这一问题，我认为，人和人之间天然存在知识、认知、视野的差距，读书时，如果出现阅读困难的情况，说明暂时缺少理解相关内容的背景知识、能力，也就是说，这本书对你来说难度过大，那么，降低难度，结合人物经历、历史背景、人物关系，找一些同时期、同主题的基础书目进行阅读，可能会有豁然开朗的感觉。

长期加班写公文，如何平衡工作与生活

很多执笔人问过我一个问题："作为女生，长期加班写公文，如何平衡工作与生活（家庭）呢？"我也曾在工作、生活的交织中有过深深的无力感，尝试过很多方法，试图找到一个平衡点。努力过后，我发现最好的解决方法，可能就是两者兼顾，用时间换空间。简言之，既然无法平衡，就辛苦一些，两者兼顾——早起一些，晚睡一些，对琐碎时间的利用多一些。

1 升级生产工具

高中时，我们学过，生产工具会反作用于生产力。为了给自己节省出更多时间，我研究并学会使用了很多小工具，可以应对繁复、琐碎、容易出错的工作。

比如，有一次，完成工作需要做一个 PPT，我推算大概一个小时能完成。但是半天过去了，同事还没有将 PPT 做完。我很奇怪，怎么还没做完呢？走过去一看，发现她正在用图片工具逐页制作模板素材。我给她推荐了一个 PPT 插件，可以自动筛选目标图形，展示逻辑和分层数量，果然，借助这个插件，她很快完成了工作任务。

又如，很多执笔人汇总数据时，需要按照类别分析或计算数据增减幅。如果手动分析、计算，效率低、出错率高。这时，可以使用 Excel 的数据透视功能和公式计算功能，在一分钟内解决问题。对于文本类文件而言，如果需要比较修订前后文件的差异，可以使用 Word/WPS 中的"审阅"→"比较"功能，进行即时比对。

再如，在杂志中看到一篇非常好的文章，想要收藏时，我会使用手机中的"拍照"→"文字识别"功能，高效完成由图片向文字的转化。面对单位内网上需要整理、存档的文章，如果网页不支持复制，一页页截图并保存不但效率低，还非常容易遗漏内容，这个时候，使用 Ctrl+P 快捷键，选择"导出 PDF"选项，即可解决问题。

此外，日常的琐碎时间中，我会经常浏览资讯、看电子书，突然想到好的观点、看到优质内容时，我会使用可以在网页端、手机端和平板电脑端同步的软件进行记录，这样，可以保证我始终在一个体系中持续地记忆和积累，形成的知识是树状的，不是零

散的，而且不会因为工具的变化，影响内容创作的连续性。

【学姐唠叨】

考虑到很多软件的更新和使用存在不确定性，本书没有对具体的软件进行推荐，感兴趣的读者可以在我的公众号"陶然学姐"中查询不断更新的推荐名单。

 ## 2 加强精力管理

在公文写作培训中，学生向我提问最多的 3 个问题如下所示。

①如何提高写作能力？

②如何提高表达能力？

③如何保持旺盛的精力？

以上 3 个问题，我被问了上百次。如果说前两个问题与工作技能相关，大家关心是很正常的事情，那么，大家对第三个问题的答案的迫切需求是我未曾想到的。

很多学生觉得，我就像一个永动机，每天做大量的工作，但不知疲倦。我认为，体力、精力的蓄养和生活习惯有着很大的关系。我身边有很多在事业上取得了成功的前辈，他们有一个共同点，即有着非常简单且自律的生活习惯，比如早起、定期运动、吃配料干净的食物且只吃七八分饱……身体的负重轻了，精力的损耗会随之小很多。

我建议，经常需要加班写作的执笔人尝试通过改变饮食习惯来进行精力管理。如果加班压力一大就吃东西，很容易陷入严重的恶性循环。比如，加班后心情不好，一咬牙，来个夜宵吧，吃完夜宵之后发现自己更难受了——吃多了，坐不下、睡不着，于是决定晚睡一会儿，不想工作，那就看个电视剧，结果睡得太晚，内分泌失调，第二天不仅有黑眼圈，脸上还长了一堆痘，心情更不好了……

我强烈建议工作压力大的执笔人研读几本三甲医院医生撰写的关于身体健康的书籍，从医学角度入手对生活习惯进行改善，不要试图通过刷手机短视频解压。

 ### 3 谨防陷入自我感动

很多执笔人会在努力平衡工作与生活（家庭）的过程中陷入误区，即沉迷于"碎片化学习"——把所有碎片时间都利用起来，看完这本公文写作书，发现哲学很重要，赶紧买本哲学书看上几

眼；几天后，发现单位里的"笔杆子"会用思维导图，工作效率很高，赶紧报思维导图网络课程；又过了几天，发现新来的年轻同事会使用 Python，看着很"高级"，赶紧开始找关于 Python 的网络学习视频……

这样努力，很容易让盲目的忙碌遮掩了"学习"的本质，东学学、西学学，感动不了天地，只会感动自己。

我在很多文章中提过，"利用碎片化时间"这一行为本身没有问题，问题在于是否利用碎片化时间进行了系统化学习。对于执笔人来说，想提高公文写作能力，可以给自己制定系统的学习大纲，比如以年为单位，精读两本经典著作并做读书笔记、学习公文写作培训课程并复习 5 遍进行消化吸收、练习字帖 365 张……

列举的目标看似简单，完成起来却需要高度的坚持和自律。就算只完成这 3 个目标，不增加更多，年底复盘，你也会发现，不知不觉中，自己在慢慢进步，而不是像从前一样，忙忙碌碌一年，但好像什么都没有做成。

这就是我努力平衡工作和生活（家庭）的方法——想尽一切办法提高工作效率，增加对家人的陪伴时间。

如果你所处的岗位特殊，确实有兼顾困难，我还可以给你讲一个小故事（虽然没有数据支撑，但是很有启发意义）。故事大意是，什么职业的家长培养的孩子成为"牛娃"的概率较高？有人发现是医生，因为医生太辛苦了，经常值夜班，长年不在家，就算在家，也因为职业需要时刻践行终身学习。在这种环境的影响下，孩子各方面都非常出色。所以，对于职业女性来说，可以放下焦虑，工作和生活（家庭），也许会在不知不觉中实现"平衡"。

从职场新人到"笔杆子"，如何从优秀走向卓越

我身边有很多从小一路以傲人的学习成绩升学，但在进入职场后出现种种不适，甚至阵痛的职场新人——离开校园环境，拥有了大把时间，突然不知道要做什么、学什么，闲下来，既没有自在地享受生活，也没有专心学习，再攀高峰，整个人的状态是很想忙，但不知道忙什么；很想有能力傍身，但不知道应该培养什么能力；很想用力，但一把抓过去，摊开手掌，什么也没抓住。

我也曾有这样的阶段，没有人告诉我应该怎样应对工作中的难题，于是，很长一段时间内，我都在迷茫。后来，我把自己的优点、缺点、理想、目标……清清楚楚地写下来，拿给那个年纪的我能够请教的最厉害的前辈、师长——我试图请他们帮我指个方向。我记得有一位前辈直截了当地说："你足够优秀，但是你不够卓越。"

这句话给我留下了非常深刻的印象，以至于让我有点恍惚。卓越？什么是卓越？我清楚地知道自己陷入了一个"表面优秀"的

陷阱。从优秀到卓越的路在何方？怎么走？我一无所知。

可能会有读者问，为什么要追求卓越？累不累？那个时候，我也不知道为什么要追求卓越，但是我知道，如果一直陷在"虚假的优秀"里，会感到痛苦。

于是，我想出了一个办法——每年更新一次自己的简历。这会让我更加清楚地认识自己，让内心沉静下来。在这个过程中，我发现，面对简历，还没到"投"的阶段，只是"写"的过程，就会让我有深深的无力感。于是，后来几年，我希望每年都能够在简历上增加一行字，这行字写出来，别人不会评价说："你得奖挺多。"而是说："你在实实在在地做事。"

这可能是在当时的年纪，我摸索出的唯一不那么虚度青春的举措，即"把能力落地"。比如，他人夸赞我文笔不错，我没有办法把这句话写进简历，但是当我把写作经验梳理成书，我心里便再也没有虚无缥缈的感觉，取而代之的是平静与笃定。

从优秀走向卓越，需要有一点吃苦精神。这里的"吃苦"，不是你独自一人加班、过年，甚至不是你生病时一个人住院，而是当别人在推杯换盏的时候，你在办公室独自面对孤独，执残灯秃笔，看冷雨敲窗；是周围人都吐槽、抱怨的时候，你能始终保持内心的克制、坚定；是沉下心思，真正地去思考自己眼前的工作

如何进阶、做出成绩；是身边所有人都放假了，只有你一夜夜坚持学习、提高却不感觉委屈……

公文写作这条路，是从优秀到卓越的现实检验，因为它足够艰难。我请教过一位资深领导："公文写作到底是什么？"领导说："公文写作，本质上是用最简单的语言把事情讲清楚。"我受益匪浅。

这句话看上去普普通通，但里面蕴含了两个深刻的底层逻辑。

"清楚"的前提是具备抓重点的能力；"简单"的前提是"懂"，这两件事，做到哪一件都需要付出巨大的心血。

能够精准地抓住重点，说明对目标工作的理解足够透彻，你的思考、站位、思路，以及对工作的理解，与领导是高度一致且同频的。能够把一件事用最简单的语言讲出来，说明不是"假懂"。工作中，我们经常会遇到一些张嘴就是专业名词，且能把事情讲得天花乱坠的人，很多时候，你往深处问一句，对方就会"露馅"。能够用简单的语言帮助他人消化、理解各种知识，才是真的懂。

所以，执笔人一定要记住这句话："用最简单的语言把事情讲清楚。"未来去更高的平台工作时，或者参加遴选考试时，大家都会对这句话有更为深刻的体会。

欲戴皇冠，必承其重。苦练公文写作技巧，是每一位执笔人必经的修行。

慢慢走，用踏实的方式对抗笨拙的人生

有的执笔人跟我说，自己经常陷入深深的焦虑，因为有很多公文要写，却迟迟无法动笔；写成了很多公文，但是领导没给一句表扬。

2016 年，即 8 年前，我开始写公众号，当时，每篇文章只有一两百个阅读量，这个数量稳定保持了 6 年。但是，这不重要，丝毫不会影响我认真地去排版、真诚地去写作。

当你不把完成一项工作当作交差，它才不会成为你的负累。如果你做一件事是为了得到反馈，那么，你一定会心急、犹疑、徘徊、间歇性努力。如果你做一件事只是为了成为更好的自己，那么，他人评价的参与并不会影响你的坚定。

公文写作是一件单纯的事，单纯到你只有极度聚焦，才能知其一二。

因为上学早，我是一个特别晚熟的人，晚熟到工作前 5 年，看不出别人的嘲笑、感觉不到不友好、不知道何为炫富攀比、不知道什么是职场霸凌、不知道什么叫欺负使唤、不知道什么叫"摆烂"、不知道什么叫"甩锅"，更不知道什么叫"推活儿"。工作，让干就干，干就好好干，干不好被骂就哭，哭完继续干……周而复始，与奖励无关、与提拔无关、与任何功利性目的无关。

电视剧《士兵突击》中有这样一句台词："有意义的事，就是好好活。好好活，就是做有意义的事。"

"意义"的神奇之处在于，它只会在最后一刻呈现给你。所以，在写作之初去探讨有没有意义，可能是无源之水、无本之木。

公文写作是一件辛苦的事，辛苦到你会忍不住心疼那个全力奔跑的自己。

20 多岁时，我有过很多幻想，幻想一份纤尘不染的感情，幻想一个轻松体面的工作，幻想推开窗户就能面朝大海看春暖花开的生活。但是当我把十年磨砺化为笔尖的力量，我发现，辛苦一些，勤奋一些，可能才是我面对人生应有的姿态。我知道自己应对考试，就是要付出很大的辛苦；应对工作，就是要投入很大的精力；应对生活，就是要扛起更多的责任。能力不足，我就承认自己能力不足。与其说是自我和解，不如说是更清晰的自我

认知。

当我们认识到自己无法依靠天赋，我们就不会再去做无谓的情绪内耗和心理挣扎。挣扎的背后是比较、羡慕、期待、幻想，既然愚笨，我们就接受愚笨，用踏实的方式对抗笨拙的人生。

公文写作是一件长久的事，长久到即使有一天你不再执笔，一言一行也刻着它的印记。

作为执笔人，你写下的每一个字，都会成为你成长路上的基石，沉淀出面对艰难困苦的内在力量。2023年，《从零开始学公文写作》上市后，我收到了这样一条读者留言："你用温柔冷静的文字，触及我们的内心，对成长路上的年轻人给予了最大的支持、理解和包容。"我深深地感动，又惶恐承担不起这样的评价。我知道，要在正确的方向上努力做事，剩下的交给时间。

前路漫漫，志合者，不以山海为远。